I

Louis Meunier est auteur, producteur et réalisateur. En 2007, il crée Taimani Films, une société de production audiovisuelle basée à Kaboul. Il produit et réalise des films pour la télévision et le cinéma dont les documentaires *Prisonniers de l'Himalaya* et *7000 mètres au-dessus de la guerre*. En 2014, il publie aux éditions Kero *Les Cavaliers afghans* (repris chez Pocket en 2015 sous le titre *La Terre des cavaliers*) où il raconte son premier voyage en Afghanistan. Son dernier récit, *Voyage en France buissonnière*, a paru en 2018 chez le même éditeur.

VOYAGE EN FRANCE BUISSONNIÈRE

DU MÊME AUTEUR
CHEZ POCKET

LA TERRE DES CAVALIERS
VOYAGE EN FRANCE BUISSONNIÈRE

LOUIS MEUNIER

VOYAGE EN FRANCE BUISSONNIÈRE

RÉCIT

KERO

MIXTE
Papier issu de
sources responsables
FSC® C003309

Pocket, une marque d'Univers Poche,
est un éditeur qui s'engage pour la préservation
de l'environnement et qui utilise du papier fabriqué
à partir de bois provenant de forêts gérées
de manière responsable.

ISBN : 978-2-266-29293-1
Dépôt légal : juillet 2019

À Jules.
À Clémentine.

« Il n'y a rien de mieux qu'un voyage à travers un pays inconnu sur le dos d'un beau cheval. »

Paroles de Gus McCrae,
héros du roman *Lonesome Dove*
de Larry McMurtry

« On devrait construire les villes à la campagne car l'air y est plus pur. »

Alphonse Allais

« La vie ne se comprend que par un retour en arrière, mais on ne la vit qu'en avant. »

Søren Kierkegaard

Maudit soit le ciel. Hier encore il était au beau fixe et ce matin il déverse en grosses gouttes toute la pluie retenue pendant les mois d'été. Je peste et râle. L'automne est arrivé d'un seul coup, c'est le début de la saison grise et de son cortège humide de feuilles mortes. Les tours de Notre-Dame sont deux masses sombres assiégées par les nuages. Depuis leurs perchoirs, les chimères se gaussent des affres de la ville tandis que les gargouilles sifflent en recrachant l'eau sortie des ténèbres. Le pavé est glissant, la place est vide. Abrités sous l'auvent d'une brasserie, des parents et des amis ont bravé le mauvais temps et l'heure matinale pour nous encourager. Nous buvons du thé et du café en devisant sur les préceptes du voyage à l'approche de l'hiver.

« C'était couru d'avance, le vent et la pluie seront vos compagnons de route… Partir en expédition à cette saison… Avez-vous prévu des vêtements chauds ? »

Tout à coup, les gargouilles se taisent, les nuages s'ouvrent et l'horizon s'éclaire au-dessus des clochers. Le ciel n'est finalement pas si mauvais. Providence ou coïncidence, peu importe, mon moral remonte en flèche. C'est le moment que choisit Jean pour entrer en scène. Les applaudissements fusent tandis que, tel un envoyé céleste débarquant sur un chariot ailé pour sauver l'assemblée, il fait le tour du parvis au volant d'un gros 4 × 4 tractant un van. Les réjouissances sont de courte durée : derrière lui se profilent deux gendarmes sur leur moto, main levée et gyrophares allumés. La loi est floue. Malgré nos recherches, nous ne sommes toujours pas certains de pouvoir circuler à cheval dans les rues de la capitale. Cette arrivée tambour battant semble nous apporter une réponse foudroyante… Mais nous voyons bientôt une autre voiture apparaître derrière le convoi. Sa conductrice a percuté le flanc du van et les motards, témoins de l'accident, ne sont là que pour elle. Ils l'invitent à se ranger sur le côté et laissent filer Jean. Le van et ses passagers sont indemnes, nous nous en tirons à bon compte.

Jean porte un bonnet de marin roulé au-dessus des oreilles. Il m'adresse un clin d'œil par sa fenêtre ouverte, tire le frein à main comme on amarre un bateau et débarque son corps de géant. L'homme n'a pas la taille jockey, pourtant c'est un champion de TREC[1]. Il a un élevage de chevaux d'endurance au cœur du Morvan et amène deux de ses protégés avec selles et bagages.

« Salut les enfants ! » lance-t-il à la cantonade en levant ses paluches énormes.

---

1. Acronyme de « Techniques de randonnée équestre de compétition », le TREC est un ensemble d'épreuves mesurant la résistance du cheval et du cavalier pendant de longues courses en pleine nature.

Nous nous embrassons et sortons les chevaux du fourgon pour les attacher à deux arbres. Nous les pansons rapidement, saupoudrons du talc sur leur dos, puis ajustons selles, fontes, sacoches et lanières de cuir. La cathédrale fait face à la préfecture de police, rien ne sert de provoquer trop longtemps le zèle des agents qui montent la garde devant le bâtiment. Sibylle enfourche le hongre, moi la jument, et nous venons nous poster sur la borne kilométrique « zéro », cette rose des vents en bronze encastrée dans le pavé qui sert de référence pour le calcul des distances en France. Marseille se trouve à 660 kilomètres à vol d'oiseau, plein sud, mais il faudra en compter davantage pour quitter l'Ile-de-France, traverser la Bourgogne, rejoindre la Loire, improviser un chemin à travers le Massif central et le sud des Alpes, puis – peut-être – rallier la cité phocéenne. Nous éperonnons nos montures sous les applaudissements de la famille et des amis, et c'est le grand départ.

J'y suis enfin, heureux, presque fébrile. Le ciel se dégage complètement, les rayons du soleil effacent la tristesse de la ville. Nous faisons le tour de la cathédrale et enjambons la Seine par le pont de l'Archevêché. En contrebas, une barge chargée de charbon file en silence sur l'eau. Sur les quais, les bouquinistes ouvrent leurs boîtes vert wagon pour présenter des trésors de livres et d'estampes aux yeux des passants. Profitant de l'éclaircie, des foules de touristes apparaissent sur les trottoirs et observent, perplexes, ces deux écuyers bardés de cuir qui semblent échappés d'un spectacle médiéval. Une jeune Asiatique avec un appareil photo nous demande de prendre la pose. Des policiers nous détaillent avec un air amusé et nous laissent passer sans poser de questions. Des bigoudis sur la tête et un petit chien au bout d'une laisse, une dame en robe de chambre nous dévisage. Un pêcheur relève la tête et nous salue de la main. Des silhouettes se dessinent aux fenêtres des immeubles. Intrigués par le bruit des sabots sur le pavé, les commerçants sortent sur le pas de leurs boutiques.

« Où allez-vous ? » demande l'épicier.

Hormis les cavaliers de la Garde républicaine qui patrouillent dans les rues et paradent lors des défilés, les seuls équidés de la capitale sont ceux des statues à l'honneur des monarques, héros ou guerriers conquérants qui ont fait l'histoire de France. Les chevaux, après avoir régné en maîtres sur Paris pendant des siècles, ont disparu en cent ans à peine, remisés sous le capot des moteurs qui ont remplacé calèches et carrosses. Heureux d'offrir une revanche à nos quadrupèdes, nous défions la mécanisation, slalomant entre les pare-chocs, toisant les voitures à l'arrêt dans les bouchons. Nous allons à contresens du flot de la circulation, à rebours du rythme citadin comme on remonte le temps. Les conducteurs, qui se destinent à une journée de labeur, abandonnent un instant leurs mines concentrées pour nous regarder avec surprise ou envie. Nous dépassons la façade de verre et d'aluminium de l'Institut du monde arabe, les grands platanes du Jardin des Plantes, les péniches fleuries des bords de Seine, les dentelles de fonte du pont d'Austerlitz, sur lequel se croisent deux métros chargés de voyageurs. Les rues s'animent, les files de voitures s'allongent. Alors que la plus belle ville au monde s'éveille et que ses habitants prennent le chemin du travail, nos montures nous emportent vers la liberté. Le soleil brille et la France nous appartient.

I.

L'Ile-de-France

Quitter la ville

Cinq mois plus tôt. Je suis en train de battre le bitume des rues de Paris lorsque mon téléphone sonne au fond de ma poche. Je décroche et entends, derrière le tapage de la chaussée, la voix lointaine de Sibylle d'Orgeval.

« Je prépare un projet un peu fou, un grand voyage à cheval, m'annonce-t-elle.

— Où pars-tu cette fois-ci ?

— Je reste en France ! Je vais de Paris à Marseille par les petits chemins pour réaliser une série de documentaires sur le monde rural. On dit que les campagnes sont désertées, mais l'exode est terminé ! Depuis quelques années, des citadins s'installent dans les lieux à "faible densité" et imaginent de nouvelles manières de vivre. Sous leur impulsion, le terroir fait figure de grand laboratoire du changement. Je veux filmer cette effervescence… »

Sibylle et moi ne nous connaissons pas vraiment, nous nous sommes croisés à plusieurs reprises dans des festivals de films consacrés au voyage et à la découverte. Nous avions passé quelques soirées à discuter, j'avais aimé son caractère intrépide et son goût de la fête. Nous réalisons tous deux des documentaires et partageons l'amour du cheval et des grands espaces. Le téléphone collé à une oreille, ma main libre bouchant l'autre pour couper les vrombissements des moteurs et les mugissements des klaxons, je ne saisis pas tout ce qu'elle me dit mais je comprends qu'elle veut filmer ceux qui, loin des villes et de l'attention médiatique, créent des alternatives à l'ordre établi. Ceux qui préparent la société de demain plutôt que de se lamenter face aux nouvelles déprimantes ressassées à l'envi par les catastrophistes – réchauffement climatique, épuisement des ressources, accroissement des inégalités sociales… Persuadés que notre monde tourné vers la consommation à tous crins est en train de s'essouffler, ils ne se contentent pas de fermer l'eau du robinet quand ils se lavent les dents, ils inventent de quoi construire une civilisation nouvelle : économies participatives, monnaies locales, machines libres de brevet, habitats partagés, fermes biologiques, maisons de retraite autogérées… Fatigués d'attendre un changement qui ne vient pas, lassés par les promesses vaines d'un gouvernement représentant un système auquel ils ne croient plus, ils ont décidé de suivre leurs convictions. Riches ou sans le sou, ingénieurs ou poètes, paysans ou artistes, religieux ou athées, jeunes ou seniors, ils réenchantent le monde et donnent du sens à leur existence – en étant plus près de la nature, en se nourrissant mieux, en réduisant leur impact écologique ou en introduisant de la spiritualité dans leur quotidien.

« Il faut aller les voir ! » lance Sibylle dans le combiné.

Elle me décrit l'itinéraire sommaire qu'elle a imaginé entre les deux plus grands centres urbains du pays – Paris et Marseille – par la « diagonale du vide », une suite de zones isolées où les densités de population sont les plus faibles. Un parcours à valeur de symbole pour illustrer le bouillonnement qui anime les forêts et les bocages, et montrer que dans cette France profonde, que beaucoup aiment qualifier de reculée ou de désertée, se dessine le futur. Sibylle devait être accompagnée d'une amie, mais celle-ci vient de se désister.

« Est-ce que ça t'intéresse de prendre sa place ? »

Monter en selle pour relier les deux plus grandes villes françaises, voilà une mission honnête. Je viens de terminer un film compliqué et, après deux mois dans le noir d'une salle de montage, j'ai besoin d'air et de nature. Je sature de baigner dans la fournaise parisienne. Je suis fatigué du bruit, de la pollution, du goudron, de la course perpétuelle derrière le temps qui file trop vite. Mon instinct, dans ces cas-là, me pousse à partir à l'autre bout du monde, à chercher ailleurs, le plus loin possible, ce que je ne trouve pas chez moi : des expériences inédites, des rencontres insolites, de nouveaux possibles. La France, je me suis contenté de la sillonner à toute allure sur des autoroutes aveugles. Ce voyage sera l'occasion de plonger en son cœur, de décrypter son ADN, de fouiller ses entrailles, de découvrir ses petits pays et ceux qui les habitent. De déceler dans le terroir ce qui fait son identité et sa force, d'observer pour mieux comprendre le présent et cerner le futur. Si le territoire fourmille d'initiatives positives permettant d'entrevoir une transition après de trop longues années d'une crise économique, sociale et identitaire, alors je dois l'explorer. Le projet de Sibylle réveille la bête en moi qui réclame de la route et du vent. Ma dernière expédition remonte à trop longtemps, le *Wanderlust* me reprend. Je dois m'éloigner du tumulte racoleur et du halo des lumières artificielles pour renouer avec le silence et le ciel. J'ai besoin de nettoyer mon corps et ma tête, de poser mes pieds sur la terre et de respirer une grande dose de chlorophylle. Deux mois sur la selle d'un cheval : je suis incapable de refuser. Qu'il soit pur-sang, crack de course, tocard de foire ou rosse de caravane, m'asseoir sur le dos d'un équidé suffit à me rendre heureux.

Laure, ma compagne, connaît mon goût de l'itinérance et mon besoin d'aventure, elle accepte de me laisser partir. Nos deux enfants s'amusent de voir leur père endosser le costume de paladin pour sillonner les chemins de France.

Pendant cinq mois, je prépare l'expédition avec Sibylle, affinant l'itinéraire, rédigeant des dossiers et identifiant des personnages dont nous pourrions tirer le portrait. Nous faisons la connaissance de Jean de Chatillon, qui accepte de nous fournir deux chevaux d'endurance : Unik, une jolie alezane moitié arabe aux crins clairs de sept ans, et Où-Vas-Tu, un hongre gris d'âge mûr, avec du sang arabe lui aussi.

Deux producteurs, Jean-Philippe Serrano et Alice de La Moureyre, permettent au projet de prendre forme en assurant la diffusion des films sur deux chaînes de télévision. Sibylle et moi convenons avec eux d'évoluer en autonomie, en filmant nous-mêmes les séquences à tour de rôle. Nous nous accordons sur la réalisation de six épisodes et baptisons la série *Sur les chemins de traverse*.

Le départ approche, je piaffe d'impatience. Je m'y vois déjà, chevauchant mon cheval avec l'horizon en ligne de mire, vivant un western à la française, découvrant la face sauvage de mon pays et de ceux qui arpentent ses sentiers. Je brûle de partir à la rencontre de ces êtres affranchis des conventions et de les suivre sur les chemins de traverse qu'ils tracent hors des rails de la société. Cinq mois durant, je rêve en me projetant sur les zones vertes de la carte, inspiré par des villages aux noms évocateurs : Glux-en-Glenne, Saint-Symphorien-des-Bois, Poule-les-Écharmeaux, Saint-Éloy-la-Glacière, Craponne-sur-Arzon, Saint-Auban-sur-l'Ouvèze, Le Poët-en-Percip… Les jours passent, j'ai des fourmis dans les jambes. J'ai hâte de m'élancer pour voir la vie en vert, me perdre dans des territoires où les paysages ne sont pas dessinés par l'homme, puiser de l'énergie au contact des éléments, percevoir dans l'air le changement des saisons, entendre le crissement des feuilles sous mes pieds, sentir l'odeur des sous-bois, humer le vent, la pluie, la terre…

L'heure du départ a sonné, me voilà en selle, mais pour l'instant je sors de Paris par un pont qui enjambe le périphérique dans les vapeurs de gaz d'échappement. Devant moi, le défilé de béton semble se poursuivre à l'infini. J'ai les mains empêtrées dans les rênes d'Unik et la lanière de ma caméra. Je tente de diriger ma jument, affolée par le ballet des voitures et des camions, luttant pour filmer malgré les secousses. Quitter l'Ile-de-France, s'extraire de l'enchevêtrement des routes qui convergent vers la capitale, se révèle plus compliqué que prévu. Les trottoirs sont trop étroits pour nos gabarits gonflés par les bagages accrochés de chaque côté des selles. Nous devons emprunter la chaussée où grouillent des véhicules qui nous doublent en klaxonnant parce que nous ralentissons leur course. Une sueur aigre dégouline dans mon dos, j'ai les doigts crispés sur les rênes et les muscles tendus. Unik et Où-Vas-Tu font des entrechats en dérapant sur le goudron avec leurs fers plantés de pointes en tungstène, un métal inusable qui transforme leurs pieds en semelles à crampons. Les camions nous frôlent. À chaque monstre de ferraille hurlant, ma jument écarquille les yeux et fait une embardée. Cette première journée de route n'a rien de la balade bucolique tant espérée.

★

Les spécialistes de la randonnée équestre nous conseillaient de partir avec trois chevaux, dont l'un aurait été réservé au bât[1]. Nous avons décidé de nous contenter de deux afin de diminuer le temps de harnachement, d'avoir une bouche en moins à nourrir et, surtout, de nous affranchir des dangers de tenir un cheval au bout d'une longe. L'encombrement de la chaussée et l'étroitesse des bas-côtés semblent nous donner raison car, sans cavalier sur le dos pour contenir ses écarts, le troisième cheval serait déjà passé sous un camion. Ce choix nous a poussés à rationaliser notre barda et à n'emporter que le strict nécessaire pour une chevauchée de deux mois – quelques habits, deux sacs

1. Dispositif permettant de porter les charges.

de couchage, deux jeux de fers de rechange, des outils, une pharmacie, un ordinateur et le matériel de tournage. Il a fallu caser le tout dans les bagages accrochés à la selle de chaque cheval : deux fontes à l'avant, deux sacoches et deux boudins de troussequin à l'arrière. Hier, la tente et le réchaud ne trouvaient toujours pas leur place. Nous en avons pris notre parti : la quête d'un toit et la recherche de nourriture participeraient à l'aventure et nous obligeraient à provoquer les rencontres. Nous expérimentons l'équivalent équestre de la marche ultra-légère – MUL en abrégé –, une évolution moderne de la randonnée qui consiste à minimiser le poids porté par le marcheur dans un souci de confort et de simplicité. Nos chevaux, avec 40 kilos de bagages et de harnachement chacun, restent pourtant chargés comme des mules.

La première étape nous conduit à une encablure de Paris, à Joinville-le-Pont, à la rencontre d'Éric Spiquel. Il nous a donné rendez-vous sous le pont – pas celui qui franchit la Marne, mais celui de l'autoroute de l'Est qui traverse la commune sur un viaduc. Il nous voit arriver de loin et attend, les poings serrés sur les hanches. Sa silhouette campée sur le goudron se découpe dans la ruelle qui se glisse sous la deux fois quatre-voies. Gaillard dans la force de l'âge, il porte beau avec sa barbe taillée, sa boucle d'oreille de pirate et son costume de compagnon du devoir en velours noir – largeot hussard resserré aux mollets, gilet cintré, veste à col chevalière et béret. Quand nous arrivons à sa hauteur, Éric nous tend une main ferme et nous invite à le suivre derrière une clôture disposée sur le trottoir. Charpentier de métier et amoureux des chevaux, il a construit contre une des piles du pont une petite écurie en bois où logent trois bêtes de trait énormes qui accueillent Unik et Où-Vas-Tu avec des hennissements. Le bruit de la circulation, huit mètres plus haut, est assourdissant. Des gerbes d'eau chassées par les voitures tombent en grandes flaques.

Ses chevaux, Éric les emploie au transport des colombages de ses chantiers. Deux fois par semaine, il attelle aussi la plus placide, Serise, une boulonnaise blanche de 900 kilos, et parcourt la ville pour collecter les déchets verts déposés devant leurs portes par les habitants : tontes de gazon, feuillcs, branchages et autres résidus végétaux expulsés des jardins propets des bords de Marne. Il a réussi à convaincre la mairie de l'utilité de son hippomobile, qui se faufile dans les petites allées inaccessibles aux camions de la société locale de nettoyage dont il est devenu sous-traitant. Il œuvre à la réintroduction de l'équidé dans cette commune limitrophe du parc de Vincennes qui, avec son hippodrome, accueillait il n'y a encore pas si longtemps de nombreux professionnels hippiques : vétérinaires, maréchaux-ferrants, selliers, bourreliers… Unique représentant d'un mode de vie révolu, Éric est un anachronisme ambulant, mais il ne s'encombre pas des qu'en-dira-t-on. Il conduit son attelage en naviguant entre les bus et les voitures, sourire aux lèvres et badine à la main. Les riverains le saluent et les enfants viennent caresser sa jument. Irréductible Gaulois cerné par la motorisation, gardien de l'environnement aux abords de la capitale, Éric lutte à sa manière contre les émissions de dioxyde de carbone et préfère l'action aux longs discours. Héros ordinaire, il ne cherche pas à provoquer une révolution, mais se contente d'adopter un comportement sensé.

Premier personnage sur notre route, Éric est un passeur préfigurant les rencontres à venir. Quand il n'est occupé ni par ses chantiers de charpenterie ni par la collecte des déchets végétaux, il relève ses manches pour poursuivre son œuvre verte en nettoyant les parcelles de terre laissées en friche sous le tablier de l'autoroute. Il entretient aussi les ceps de vigne des coteaux de la Marne, ceux dont est tiré le petit vin blanc que l'on sert sur les nappes à carreaux rouges des guinguettes des environs, avant de pousser les tables et de danser au son de l'accordéon. Éric a le sens des réjouissances, il nous propose de boire quelques bières au comptoir du bar installé dans le sous-sol de sa maison. J'ai une envie furieuse de célébrer cette première journée sur la route.

Surnommé « La Grotte aux fous », l'endroit a longtemps été le rendez-vous d'un club de motards qui prolongeaient la fête à la sortie des boîtes de nuit. Collées aux murs et au plafond, des photos jaunies témoignent de ce passé turbulent et montrent, habillés de cuir, assis aux guidons de monstres de tôle, de pistons et de chrome, ceux qui ont fait de la moto une profession de foi et un art de vivre. Les motards ne viennent plus qu'en de rares occasions. Aujourd'hui, le lieu est à nous. Éric fait parfois descendre ses chevaux jusque dans le bar pour amuser la galerie mais, ce soir, il décide de rester sage.

Nous buvons à la santé de nos montures en écoutant la bande-son d'*Easy Rider*. Steppenwolf et The Byrds chantent leur soif de liberté et leur colère contre l'establishment pendant que nous refaisons le monde. Je vais me coucher au-dessus de l'atelier d'Éric, enveloppé du parfum des copeaux de bois. Le voyage a commencé, à seulement quelques kilomètres de la capitale.

★

À Vitry-sur-Seine, nous nous engouffrons entre les barres d'une cité. Des gamins nous interpellent et viennent caresser les chevaux.

« Les Visiteurs ! Venez voir, on dirait ceux du film ! » hurle une fillette à l'intention d'une bande de copains qui rapplique en courant.

Des têtes surgissent aux fenêtres, des mères de famille nous rejoignent et la rencontre se transforme en attroupement. Habitants de ces immeubles entre lesquels la lumière du soleil a du mal à trouver un passage, certains n'ont jamais vu un cheval. Pour la plupart, ce sont des sédentaires, descendants d'étrangers déracinés, alors que Sibylle et moi portons des noms bien français et nous improvisons nomades pour voyager à la mode du passé. Nous échangeons des questions, nous sur leur vie, eux sur notre périple. Nous capturons la scène avec nos caméras tandis que des femmes voilées nous filment en retour avec leurs téléphones portables. Drôle de face-à-face entre des cultures qui se retrouvent autour d'une curiosité simple et spontanée.

Il est 16 heures et le GPS indique encore 20 kilomètres jusqu'à Soisy-sur-Seine, l'étape que nous avons fixée sur la carte de manière arbitraire sans savoir où nous dormirons. Nous nous mettons au trot sur la chaussée pour avaler la distance, mais il faut repasser au pas quelques minutes plus tard car Unik traîne l'antérieur gauche. Elle boite. Je crois d'abord à un caillou coincé sous le sabot, pourtant je ne détecte rien qui puisse gêner sa marche.

Jean déploie des trésors d'attention et de persévérance pour élever plus d'une centaine de chevaux de randonnée comme elle sur les vertes pâtures du Morvan. Il a fait le choix d'une génétique exclusivement « endurance » à l'aide d'étalons pur-sang arabes pour enrichir son cheptel. Race d'origine orientale forgée par une vie rude en zone désertique, le cheval arabe a développé une résistance exceptionnelle à l'effort prolongé. Surnommé « le prince du désert », il est considéré comme un améliorateur de race et a été utilisé à travers les siècles pour apporter vitesse, endurance et élégance aux quadrupèdes des autres continents. Jean fait participer les chevaux de son élevage aux courses de TREC, dont la distance peut atteindre 160 kilomètres et qui attirent des acheteurs du monde entier. Objets de toutes les convoitises, les cracks se démarquant par leurs performances sont achetés par les plus offrants – souvent les riches cheikhs des Émirats arabes unis, propriétaires d'écuries magnifiques. Après la douceur de nos latitudes, les élus partent vers les pays du Golfe retrouver le climat aride dans lequel leur lignée a vu le jour. Unik et Où-Vas-Tu ne valent pas des fortunes mais ce sont de bons chevaux capables de parcourir d'une traite de longues distances. Ma jument devrait être en mesure de soutenir ma charge et celle des bagages – un total de 125 kilos, soit environ le quart de son poids, mais la pauvre bête traîne les jambes.

Où-Vas-Tu accuse la fatigue lui aussi, nous avançons au ralenti. La banlieue défile, la chaussée ne désemplit pas. À Orly, les avions vrombissent au-dessus de nos têtes. À Villeneuve-Saint-Georges, les RER bondés de passagers filent de chaque côté de la route.

Il n'est pas 19 heures et déjà la nuit tombe. Nous attachons les chevaux devant un supermarché comme feraient des cow-boys devant un saloon, puis Sibylle et moi cédons à l'appel des néons et passons la porte automatique. Les acheteurs qui déambulent entre les rayonnages détaillent mes chaps[1], mes chaussures crottées et mon pakol[2]. Ils n'ont pas encore vu les chevaux dehors et ne savent pas sur quel pied danser. Je prends plaisir à effrayer ces bonnes gens. Je les sens m'examiner du coin de l'œil mais, lorsque je les regarde, ils se détournent, soudainement absorbés par leurs courses. J'arpente les allées du magasin, ne sachant quel poison choisir. Je dois me satisfaire d'un taboulé oriental « garanti sans conservateur », constitué d'aliments du monde entier et au goût aseptisé. Sibylle se contente d'une salade composée. Nous dînons sur le parking du magasin, entre chien et loup, puis nous nous enfonçons dans la forêt de Sénart. Ce petit bout de verdure vite traversé offre un calme relatif après le bruit de la ville et des klaxons. Une odeur d'humus monte du sol, je respire ma première bouffée d'oxygène depuis Paris. La pression du départ accumulée

1. Longues jambières de cuir qui protègent le cavalier des intempéries, des ronces et des frottements de la selle.

2. Chapeau de laine traditionnel des montagnards du Pakistan et d'Afghanistan.

au cours des derniers jours se dissipe sous les grands chênes. Même ma jument, qui tient son encolure basse, semble retrouver un peu d'entrain à poser ses pieds sur la terre.

Nous arrivons à Soisy-sur-Seine dans une obscurité complète. Nous demandons l'hospitalité à un centre équestre où la gérante nous accueille à bras ouverts, sans poser de questions. Unik est fourbue. Moi aussi. Je m'écroule sur le sol et m'enfonce dans une léthargie de pierre.

⋆

Unik a de la tristesse dans les yeux quand j'ouvre la porte de son box. Elle devrait caracoler mais elle boite toujours et soupire d'abattement. Son calvaire va reprendre, elle le sait. J'ai le cœur lourd en lui posant la selle sur le dos. Espérant un miracle, je marche à côté d'elle au petit pas dans une banlieue-dortoir qui semble ne pas avoir de fin. Nous cherchons une boulangerie, mais il n'y a pas un seul commerce à l'horizon. Les habitants des environs ne vivent pas véritablement ici, ils partent travailler ailleurs le matin et ne reviennent que le soir. Échoués comme quatre malheureux sur le parking d'une station de lavage automobile, Sibylle et moi avalons des sandwichs sous vide tandis que, entre des files de voitures qui se font shampouiner, Unik et Où-Vas-Tu plongent chacun leur tête dans un seau pour s'abreuver.

Unik ne peut plus avancer un pied. Qui veut aller loin voyage en voiture, devrait dire le proverbe. Quelle ânerie de traverser la France à cheval ! Nous échouons au centre équestre le plus proche, un club chic aux pensionnaires impeccablement toilettés, bouchonnés, manucurés, peignés. Les installations – écuries, paddocks, carrières de dressage – sont immaculées, exemptes de tout crottin. Nous détonnons dans le paysage avec nos chevaux rustiques et nos accoutrements de vachers. Les riches propriétaires nous observent de travers mais le patron nous attribue un box et nous permet de nous servir dans la réserve de foin. Toutes les dix minutes, il quadrille les lieux sur son vélo à la recherche du moindre brin de paille sur le sol, haranguant deux jeunes stagiaires qui encaissent ses assauts en serrant les dents.

Un maréchal-ferrant est de passage dans le club. Je lui demande d'ausculter Unik, il répond qu'il n'a pas de temps, qu'il a passé la nuit précédente à s'occuper des chevaux de la famille Bouglione, qu'il est fatigué et veut retourner se coucher, mais j'insiste tant qu'il finit par nous accorder quelques minutes.

« De toute façon, ce sera rapide. C'est probablement un clou de la ferrure qui a créé un abcès en débordant de la corne vers la partie interne du pied », déclare-t-il.

Je conduis Unik derrière sa voiture, dans laquelle est aménagé un établi avec outils, étaux, enclume, poste de soudure… L'un après l'autre, il soulève les pieds de ma jument, les pose sur son tablier de cuir et enserre les sabots avec une grosse pince de fonte. Il sonde, exerce des pressions de tous côtés mais ne décèle aucune lésion.

Une ostéopathe termine une consultation dans un box voisin. Elle perçoit mon désespoir et propose d'examiner Unik. Elle a la trentaine pimpante, deux yeux bleus qui dardent un regard franc et une poigne capable de remettre en place l'arrière-train d'un cheval. Elle caresse l'encolure d'Unik, flatte son poitrail, tâte son genou, me demande de la faire marcher. Elle réfléchit un moment, puis lève le postérieur gauche de la jument et pousse son flanc. Alors qu'Unik sautille pour retrouver l'équilibre, les os de son dos craquent en émettant un son mat.

« J'ai décoincé deux lombaires », annonce la jeune femme.

Unik paraît soulagée, je nous crois tirés d'affaire, mais, dès que je remets la selle sur son dos, elle traîne de nouveau les pieds. Rien à faire, le mal semble incurable. Drôle de départ pour une expédition au long cours. J'échange un regard entendu avec Sibylle, nous savons que nous allons devoir nous résoudre à prendre une décision : interrompre un temps le voyage en attendant le rétablissement d'Unik, ou bien la remplacer…

Je téléphone à Jean et lui expose la situation. Il monte sur ses grands chevaux, scandalisé de savoir que j'ai confié Unik aux soins d'une ostéopathe, mais surtout d'apprendre qu'elle est incapable de marcher.

« Ne mets pas mes chevaux entre les mains de rebouteux, ces gens-là ne servent à rien ! Et puis Unik est en pleine forme ! Je ne comprends pas, c'est une sportive de compétition, elle devrait te porter sans peine ! » hurle-t-il.

Je raccroche, Gros-Jean comme devant, mais il rappelle quelques minutes plus tard. Il annonce calmement que Christian, un de ses amis, débarquera au petit matin pour nous porter secours. Pétris de doutes,

Sibylle et moi nous en remettons au destin pour statuer sur notre sort.

En attendant, nous décidons d'aller dîner mais il n'y a pas un seul restaurant à la ronde, pas une auberge, pas un café. Sibylle lève le pouce sur le bord de la route pendant que je me poste en retrait, caché dans le fossé. Avec sa haute stature et sa chevelure blonde flottant sous un stetson noir, il ne lui faut pas longtemps avant d'arrêter une voiture. Je sors de ma cachette. Le conducteur est surpris mais il nous invite à bord et nous dépose quelques kilomètres plus loin, à Carré Sénart, une galerie commerciale tentaculaire déployant un hypermarché géant, des boutiques par centaines, un cinéma, un bowling et un club de poney. Nous dînons dans un fast-food, près d'un aménagement de jets d'eau et de faisceaux lumineux surnommé « La Fontaine des origines ». Dans une des artères du pavillon central se tient une exposition sur la préhistoire avec des reproductions d'animaux disparus. Temple de la consommation en quête de racines et de légitimité, l'endroit a l'ambition de devenir le cœur de la ville nouvelle de Sénart. De l'autre côté de la route, là où, quelques mois plus tôt, il n'y avait encore que des champs, une pancarte indique : « Agrandissement : ici, mille ouvriers travaillent pour construire l'avenir. »

Nous avons parcouru une cinquantaine de kilomètres en zigzaguant depuis Paris et, de la France, nous n'avons vu que ronds-points, rocades, bretelles, échangeurs, parkings, hangars de tôle, panneaux publicitaires criards, villages-dortoirs, lotissements pavillonnaires suintant l'ennui… La trilogie béton-bitume-ferraille semble être devenue la norme, comme un acte de vandalisme répété à l'identique sur tous les paysages. Les quelques espaces verts que nous rencontrons ne sont que de petits bouts de forêt rongés par les constructions, comme de chétives touffes de cheveux sur un crâne malade. Les terres agricoles qui subsistent se réduisent comme une peau de chagrin, grignotées par l'appétit des promoteurs immobiliers. Ce n'est pas le voyage que j'imaginais – s'il commence un jour. Mon moral est au plus bas, mon corps est moulu par les courbatures, ma jument est malade, le hongre de Sibylle décline et je doute que nous partions jamais.

★

Christian Ondet nous retrouve devant la machine à café du *club house* où nous avons dormi. Le jour est levé, nous venons de rouler nos paillasses. C'est l'heure où les voyageurs prennent le large, les marins haussent les voiles, les caravaniers éteignent leurs feux de camp et sanglent leurs animaux. Je voudrais me mettre en route moi aussi. J'ai hâte d'aborder la question qui m'a taraudé toute la nuit, de demander à Christian s'il connaît un remède miracle, d'entrer dans le vif du sujet. Mais Christian n'est pas un homme pressé, il savoure le plaisir de l'échange avec cette politesse raffinée mais sans cérémonie que l'on appelle art de vivre. Il est trop tôt pour parler affaires. Christian pose des questions sur notre expédition, puis il raconte son histoire en sirotant un expresso. Il se tient droit comme un I et manie les mots avec alacrité, ponctuant ses phrases d'éclats de rire qui s'envolent dans les airs comme sa longue moustache blanche. Il a quatre-vingt-un ans mais est encore plein de sève et possède une énergie à faire pâlir un homme de quarante. Ses yeux sourient.

C'est à la fin des années 1970 que Christian découvre l'équitation, presque par hasard. Sans préambule ni précaution, alors qu'il n'est jamais monté sur un cheval, il se met en selle et traverse le plateau du Larzac. Il est émerveillé par le contact avec l'animal et le sentiment de liberté que procure l'équitation en pleine nature. C'est une révélation. Il abandonne son métier de comptable et décide de faire du cheval sa profession. Il investit un ancien relais de chasse dans le sud de la Seine-et-Marne et le transforme en centre de tourisme équestre, Le Relais du Picotin, offrant l'étape aux randonneurs de passage et encadrant des sorties pour partager son amour des chevaux et de la nature. Sans connaître l'usage de la boussole, il organise un premier voyage monté, reliant l'Ile-de-France au causse du Larzac, en autonomie complète pendant quatre semaines. Depuis, il enchaîne les randonnées en France et à l'étranger, de la baie de Somme au bush namibien. Sa pratique des chevaux, il l'a acquise sur les chemins, en pleine nature. Son credo est de délaisser la technique pour monter avec son cœur.

Son café terminé, Christian me demande de harnacher Unik et de monter en selle. Je n'ai pas encore glissé le pied dans l'étrier qu'il s'exclame :

« La selle est trop courte ! Regarde, elle fait porter sur les épaules de la jument tout ton poids et celui des bagages… »

Prévoyant et inspiré, Christian en a apporté une autre, plus longue, dont la portance permet une meilleure répartition de la charge sur le dos du cheval.

Je suis dubitatif, pourtant Unik accepte la nouvelle selle sans rechigner. Après quelques foulées, elle s'ébroue et je retrouve une jument pleine d'allant. La transformation est radicale. En équitation comme dans tant de domaines, l'observation est la plus importante des leçons. La solution était simple, mais les chevaux ne savent pas parler et il faut parfois beaucoup d'expérience pour interpréter leurs états d'âme. Le temps que Jean m'en envoie une autre, Christian m'autorise à garder sa selle, celle qu'il a utilisée dans toutes ses randonnées au long cours – un geste que j'apprécie à sa juste valeur. Les cavaliers, qu'ils soient écuyers ou cow-boys, développent un attachement indéfectible pour leur selle, cet ouvrage de cuir poli par les ans et les aventures. Je remercie mon sauveur et, l'esprit léger, nous reprenons la route – au pas, au trot, au galop. L'horizon se découvre au-dessus de notre équipée, c'est un nouveau départ.

⋆

Face à nous, le massif de Fontainebleau et ses 25 000 hectares de bois, de landes et de rochers. Nous filons sur les allées tracées au cordeau qui découpent la forêt en parcelles régulières et balisées. Sous le couvert des arbres, la lumière irise les ramages gris, vert et bleu des pins sylvestres, les feuilles orange des grands chênes, les mers de fougères cuivre et or, le tapis vert émeraude de l'herbe. Des barres rocheuses apparaissent, fendues de gorges dans lesquelles nous nous engouffrons. Des blocs de grès érodé par l'eau et le temps sont échoués au tournant des chemins, chaos rocheux étalés sur des pentes de sable blanc, fantaisies de la nature surgissant comme des apparitions surnaturelles, silhouettes fantasmagoriques évoquant des animaux ou des objets. Je rêve un moment, volant dans ce décor de fête géologique, m'imaginant y habiter en ermite, puis la proximité de la ville se rappelle à moi sous la forme d'une route nationale que nous traversons par un tunnel.

Au milieu d'une clairière, une plaque de fonte circulaire de quatre mètres de diamètre est encastrée dans le sol. Coulée autour de la souche rase d'un chêne, elle représente un œil – la souche figurant la pupille, la plaque de fonte, l'iris, et le sable autour, le blanc de l'œil. « L'œil des nations » liste les noms des pays signataires de la charte de l'Union internationale pour la conservation de la nature, fondée à Fontainebleau, au cœur d'une forêt renommée mondialement pour la diversité de sa flore et de sa faune, qui a été, dès le XIXe siècle, le premier site naturel au monde à bénéficier de mesures de protection. L'œuvre exprime le regard vigilant des nations qui ont promis de veiller sur l'environnement – un engagement resté lettre morte, car la menace n'a cessé de croître, à tel point qu'aujourd'hui l'environnement n'est épargné dans aucun recoin du globe. L'œil des nations pleure. Le sanctuaire même de la forêt de Fontainebleau est bafoué, lacéré par l'autoroute du Soleil, deux routes nationales, une demi-douzaine de départementales, la ligne de train Paris-Marseille… Si je veux jouer à l'aventurier au sein d'une nature vierge, je vais devoir m'éloigner encore de la capitale. Le massif n'offre pas un repli à l'abri du bourdonnement des voitures – ni des avions qui déchirent le ciel. Partout le bruit persiste, comme la rumeur de l'agitation du monde moderne. Le silence est un luxe impossible.

La forêt a longtemps suscité la peur avec ses futaies denses et touffues, ses antres obscurs et sa faune sauvage. Avant son parcellement, rares étaient ceux qui se risquaient dans ce lieu de solitude. Ils ne le faisaient que par nécessité, sans repères, et s'exposaient aux brigands, aux loups, aux pipistrelles et autres créatures réelles ou imaginaires. Cette époque est révolue. La forêt abrite toujours une grande variété d'espèces animales et végétales mais elles sont condamnées à cohabiter avec le loup à deux pattes, le plus dangereux des prédateurs. Le massif est devenu une aire de jeux fléchée pour marcheurs et cyclistes, qui dévalent ses sentiers avec des écouteurs sur les oreilles et consomment la forêt à toute allure comme ils vont au cinéma ou au musée. Je compatis avec ces promeneurs venus satisfaire, comme moi, un besoin inscrit au plus profond de notre condition d'hominidé. Une espèce ne change pas en quelques générations.

Nous avons rendez-vous sur le parking de l'Éléphant, un lieu qui tient son nom du bloc de pierre à la forme évocatrice trônant au cœur d'un site de grès où se retrouvent en nombre une autre catégorie d'habitants de la forêt. Ce sont les fameux « bleausards », grimpeurs sans corde agiles comme des chats qui s'agriffent aux faces des rochers. La varappe moderne est née ici et a essaimé à travers le monde, si bien que l'escalade de bloc est devenue une discipline à part entière, caractérisée par l'enchaînement de figures de style et de mouvements techniques d'une grande difficulté. Autour de nous, des hommes et des femmes légèrement vêtus et chaussés de ballerines de gomme dessinent des chorégraphies verticales sur la roche. Nous dépareillons, avec notre accoutrement de cavaliers. Pascal Varambon nous repère sans mal. Habillé d'une veste en jean sans manches et coiffé d'une cloche de feutre orange, lui non plus n'a pas vraiment le look grimpeur.

Pascal a longtemps quadrillé la capitale et sa banlieue comme un terrain de jeu. Géographe de formation, fasciné par l'étude des strates d'histoire qui s'empilent dans les villes comme des millefeuilles, il s'est adonné à l'exploration urbaine : découvrir et visiter des lieux abandonnés par l'homme, cachés ou difficiles d'accès, immeubles désertés, usines désaffectées, stations de métro délaissées, égouts, clochers d'églises, anciennes prisons… des endroits souvent ignorés du public, dans lesquels on pénètre en déjouant les services de sécurité, et où l'on déniche les vestiges figés dans l'oubli d'une époque révolue. Aguerri par plusieurs décennies passées au milieu du béton, Pascal a décidé de quitter l'effervescence de la capitale pour échapper au manque d'espace, à la morosité ambiante, au coût élevé de la vie, à la pollution. Rat des villes, il s'est fait rat des champs en s'installant avec sa famille à la lisière de la forêt. Il a trouvé le calme entre les pins et les genêts.

« J'explore aujourd'hui la forêt comme auparavant j'explorais la ville », raconte l'homme des bois tandis qu'il nous guide sur un sentier qui s'enfonce sous la futaie.

Nous enjambons des arbres couchés, nous faufilons entre des rochers, escaladons des coteaux, descendons au creux de petits vallons, dessinons des lacets… Pascal sait où nous allons mais il tient à garder secret cet itinéraire improbable. Je perds le sens de l'orientation, je reviens aux jeux de piste de mon enfance. Le décor change, me voilà en train de marcher à travers un dédale d'étroites allées murées dissimulées sous les feuilles et la mousse. Mon œil gagne en acuité et distingue, derrière le camouflage du temps et de la nature, les pierres agencées pour former de petits remparts. Tout à coup, les murs s'écartent, les arbres disparaissent et nous débouchons dans une clairière marquant l'emplacement d'une carrière abandonnée. Devant nous, le front de taille, une longue paroi de rocher dans laquelle les carriers découpaient des tranches qu'ils cisaillaient ensuite en morceaux. Sur le sol, des pavés éparpillés et des blocs de pierre prêts à être morcelés. Pendant plusieurs siècles, le gisement de grès affleurant sous le massif de Fontainebleau a hébergé de nombreux sites d'extraction qui alimentaient en pierres et en pavés les chantiers de construction des environs et de la capitale. Pascal nous présente, disséminés sous la croûte rocheuse, les abris rudimentaires aménagés dans le calcaire par les carriers qui, encore un siècle plus tôt, habitaient les bois pour débiter la roche. L'endroit résonnait alors de la musique des marteaux sur la pierre. Le temps paraît s'être arrêté subitement, comme un sort jeté sur la forêt aujourd'hui silencieuse.

Au pied d'une muraille, Pascal nous invite à nous glisser dans une cavité masquée par un tapis de feuilles, un boyau étriqué qui semble plonger vers le centre de la terre. Après quelques mètres de tortillages et de contorsions, nous pénétrons dans une enfilade de grottes déroulant sur leurs murs des gravures du néolithique et de l'âge du bronze. Ce musée caché aux yeux des profanes, qui raconte des histoires faites de pétroglyphes de cervidés, d'images humaines et de formes abstraites, laisse perplexes archéologues et préhistoriens. Pascal a un sourire d'enfant alors qu'il promène sa lampe sur la roche et montre du doigt une étoile, un damier, une rouelle, des signes rupestres énigmatiques, témoignages d'une civilisation inconnue vivant à une époque où la forêt ne couvrait pas tout le massif.

De retour sur le parking de l'Éléphant, je suis réconcilié avec la forêt, rassuré de savoir qu'elle conserve des mystères et de la magie. Pascal repart au volant de sa 2 CV, tandis que Sibylle et moi retrouvons les nôtres pour poursuivre notre déambulation.

★

Un bruissement de cloches roule sur la lande comme la musique aiguë d'un torrent de montagne. Sa source – une centaine de solognotes à la toison bise – apparaît au détour d'un bosquet de chênes. Les brebis paissent en dodelinant de la tête contre une clôture derrière laquelle se déroule la piste impeccablement tenue d'un hippodrome. Elles lorgnent ce butin vert mais doivent se contenter de bruyère, une nourriture pauvre et ligneuse. Le champ de courses est fermé, nous ne sommes pas venus talonner nos chevaux mais rencontrer le jeune berger qui s'approche, un long bâton à la main.

Alexandre Faucher a grandi à Melun, il a vingt-quatre ans. Enfant de la ville, il était destiné à une vie dans un bureau, mais il a senti très tôt l'appel de la nature et pendant des années a échafaudé un plan d'évasion. Son baccalauréat en poche, il a décroché un BTS en gestion de l'environnement et a intégré une couveuse d'activité agricole qui l'a aidé à acheter une centaine de moutons.

« J'espère en posséder trois cent cinquante dans quelques années », nous dit-il.

Alexandre dispose d'un téléphone portable et d'un ordinateur. Il ne vit pas en marge de la société, mais a fait le choix de s'affranchir des contingences de l'existence urbaine. Il remet en question nos modes de vie déconnectés de la nature et trouve dans la transhumance une forme de salut. Comme Sibylle et moi, il est nomade[1], à la recherche de pâtures pour nourrir ses compagnons à quatre pattes. Berger sans terre, il a élu domicile dans la forêt de Fontainebleau, arpentant les chemins et déplaçant sa caravane au gré des pâturages. À la demande de l'ONF[2], il guide ses bêtes de parcelle en parcelle pour endiguer la croissance de la végétation des bois, chemins et prairies difficiles d'accès qui, sans entretien, seraient envahis par la forêt. Alexandre est l'unique berger du massif et la seule personne autorisée à y passer la nuit. Il devra bientôt partager ce privilège car la région souhaite réintroduire le pastoralisme, qui est resté très développé jusqu'au début du XXe siècle mais a disparu subitement avec l'avènement de l'élevage industriel et la transformation de la forêt en haut lieu touristique.

Un troupeau de bipèdes, des joggeurs habillés de vêtements multicolores, passe en courant au milieu des

---

1. Le mot « nomade » provient du grec *nomos*, un terme qui désigne les pâturages attribués en partage.

2. Office national des forêts.

moutons et regarde Alexandre avec étonnement. Deux univers se confrontent un instant.

« Le monde ne tourne pas rond avec ses supermarchés, sa malbouffe et tout le reste, mais j'ai trouvé un équilibre dans le mode de vie pastoral », nous confie Alexandre.

La surconsommation de viande est l'un des problèmes majeurs de notre époque, le jeune homme se demande comment demain la planète pourra nourrir 12 milliards d'individus. La viande est devenue un produit dévalué, consommé deux fois par jour, fabriqué à toute allure afin de satisfaire un système hérité de l'après-guerre dans lequel on célébrait la fin d'une période de disette. Résistant, Alexandre distingue progrès et performance. Il conteste le système productiviste qui consacre la plus grosse partie des surfaces agricoles à la culture d'OGM destinés à nourrir des animaux d'élevage. Les grandes surfaces exigent des produits toujours moins chers, mais elles gonflent les prix payés par les consommateurs et, tandis que les éleveurs survivent grâce à des subventions, elles se ménagent des marges indécentes. Le métier de berger, l'un des plus anciens de l'humanité, est désormais soumis aux règles de la grande distribution, de la paperasse et de la bureaucratie européenne. Alexandre refuse cet ordre des choses.

« La viande doit rester un aliment rare, à consommer avec modération, car c'est une production qui demande du temps et du travail. »

J'éprouve une affection particulière pour les bergers, gardiens d'un lien privilégié entre l'homme et la nature. J'ai passé plusieurs saisons avec eux sur les hauts plateaux d'Afghanistan et dans les vallées de l'Himalaya, je les ai croisés aussi en France, dans les Alpes et les Pyrénées. Où qu'ils soient, les bergers vivent à l'écart de l'agitation du monde et parlent le même langage, celui de la terre nourricière. Ils développent une sagesse qui nous ramène à notre condition première et comprennent que c'est dans la lenteur que la vie peut exister, parce qu'il faut du temps aux saisons pour passer, à l'herbe pour pousser, aux animaux pour croître.

Alexandre laisse ses agneaux grandir doucement, sans les gonfler aux hormones de croissance. Quand les bêtes ont atteint une taille raisonnable, il revend leur viande par le réseau des AMAP[1], à des amis ou aux habitants de la région qui ont vu le troupeau s'épanouir et ont développé avec le berger une relation de confiance qui les a détournés de la viande de qualité incertaine proposée en grande surface. Grâce à ces circuits courts, Alexandre se passe d'intermédiaire et conserve toute la marge de la vente, pouvant ainsi se dégager un salaire décent. Ses clients, eux, paient sensiblement le même prix que dans les grandes surfaces, mais obtiennent un produit de meilleure qualité et ajoutent de l'éthique et du sens à leurs habitudes de consommation. Les AMAP se développent et fleurissent sur tout le territoire en rassemblant des consommateurs et des agriculteurs autour d'un partenariat de proximité : les consommateurs paient à l'avance la totalité de leur consommation sur une période définie et, en retour, les producteurs s'engagent à fournir des aliments sains, souvent produits dans les normes de l'agriculture

1. Associations pour le maintien d'une agriculture paysanne.

biologique. Ce fonctionnement repose sur des principes de solidarité et de respect de l'environnement qui séduisent les deux bouts de la chaîne. La distance parcourue par les produits entre la parcelle qui les a vus grandir et les assiettes de ceux qui les mangent est réduite à quelques kilomètres, on ne peut pas imaginer de circuit plus court pour une agriculture de proximité.

La journée touche à sa fin. Alexandre siffle son border collie, qui réagit instantanément, se mettant à courir autour des moutons pour les rassembler dans l'enclos électrifié où ils passeront la nuit. Unik et Où-Vas-Tu ne sont pas autorisés à dormir dans les box confortables de l'hippodrome, ils resteront sous la voûte de la forêt. Nous tendons une corde entre deux arbres et y attachons leurs licols avec deux longes. Les promeneurs se sont évanouis, le massif est à nous. Pendant que Sibylle transfère les images de la journée sur des disques durs, je vais me perdre dans la bruyère. Je dois apporter de l'eau aux chevaux mais je veux d'abord profiter du spectacle. Je monte sur un rocher surplombant les arbres et regarde la brume envahir le paysage. L'obscurité s'installe, c'est l'heure des demoiselles de la nuit, chauves-souris qui tournoient en courbes rapides au-dessus des grands chênes. Je scrute la forêt jusqu'à ce qu'elle sombre dans un noir profond. Lorsque je redescends de mon perchoir, une lune gibbeuse apparaît dans le ciel. Je vais remplir deux seaux à la tonne à eau qu'Alexandre a échouée derrière sa caravane et je les apporte aux chevaux. Je trouve Unik couchée sur le sol, transpirante et haletante, sa longe enroulée autour du paturon de son postérieur gauche. Je voulais laisser un peu de liberté à nos montures pour qu'elles puissent manger le foin déposé à leurs pieds, c'était oublier le piège implacable que représente une corde à terre. Erreur de débutant. La jument s'est enlacé le pied et s'est débattue, tirant de tout son poids, en vain, pour tenter de se dégager. Le frottement de la longe a causé une brûlure sous laquelle la chair est à vif mais les tendons ne sont pas touchés. Je suis arrivé à temps. Un peu plus et Unik se blessait sérieusement, mettant du même coup un terme au voyage.

« Il est trop tôt pour se séparer, ma belle. »

Je la libère et raccourcis les attaches pour éviter un nouvel accident.

Nous montons dans la voiture du pasteur et échouons dans un bar à vin avec cuisine du terroir et frites à volonté. Alexandre est heureux d'échapper à sa ration quotidienne de pâtes alors que Sibylle et moi, urbains en quête de nature, aspirions plutôt au calme de la forêt et à un repas simple au coin du feu. Il plante ses dents dans un magret de canard d'origine non certifiée pendant que nous discutons de la nécessité de réformer les pratiques d'abattage. Le jeune homme fait naître ses brebis, les nourrit au biberon, les élève, les voit grandir, leur donne un nom… mais il n'a pas le droit d'accompagner leur dernier souffle. L'abattage est réservé aux abattoirs, des entreprises travaillant dans l'opacité pour se plier aux lois de l'industrialisation. Des caméras cachées révèlent régulièrement la cruauté ingénieuse déployée le long des chaînes de mise à mort pour débiter la chair de manière toujours plus rapide et plus rentable. Les bêtes, encore vivantes quand on découpe leurs membres, sont traitées avec une sauvagerie extrême – on voudrait dire « inhumaine », pourtant seul l'homme est capable d'une telle barbarie. La mise à mort industrielle marque souvent le terme d'une vie passée dans des conditions indécentes, où les animaux sont gavés d'antibiotiques, mutilés sans anesthésie, privés d'alimentation salubre et de liberté de mouvement. On peut accepter cette facette de l'homme qui consiste à domestiquer la nature sous toutes ses formes, mais il est impossible de ne pas s'indigner face au sort réservé aux animaux. Nous devenons complices de ces atrocités lorsque nous achetons notre viande emballée de plastique au supermarché, sans chercher à en connaître la provenance. Gandhi disait que l'on mesure le degré de civilisation d'un peuple à la façon dont il traite ses animaux. Notre société est tombée bas. Je n'ai pas envie de devenir végétarien, j'aime trop la viande, mais je dois faire un effort pour venir à bout de mon steak.

★

Unik est craintive, un rien suffit à l'effaroucher. Le bruit du vent dans les arbres, le mouvement d'un vélo sur la chaussée ou même le reflet du soleil sur un bout de métal la plongent dans un état de stupeur. En un instant, ma jolie alezane fait un écart, virevolte et prend la fuite. Je dois la rassurer sans cesse avec la main et la voix. Les longues heures en selle cimentent notre complicité. Sociable, elle aime sentir autour d'elle la présence des hommes et des chevaux. Le matin, lorsque je vais la trouver au pré, elle m'aperçoit de loin et s'approche pour me saluer. Elle apprécie le contact de la brosse sur son dos et me tend le sabot quand je me baisse avec le cure-pied. La selle longue prêtée par

Christian a eu l'effet d'une résurrection. Unik avance d'un bon pas pendant la journée, répondant aux pressions de mes jambes et aux intonations de ma voix et, le soir, elle souffle dans mon cou pour réclamer des caresses. J'ai augmenté sa ration quotidienne à 8 kilos d'orge et autant de foin, des quantités colossales mais nécessaires à un cheval qui fournit près de huit heures d'effort journalier. Si Unik est bien portante, ce n'est pas le cas d'Où-Vas-Tu qui, malgré les repas abondants, s'émacie de façon préoccupante. Ses os se dessinent sous ses flancs et son garrot saille un peu plus chaque matin. Le hongre tient l'encolure basse, traînant les jambes au pas, forgeant[1] au trot. Ses forces déclinent. Les passants avec qui nous commérons sur le bord du chemin complimentent Unik sur son allure puis, en avisant Où-Vas-Tu, demandent :

« Le cheval gris est malade ? »

Comprenant qu'est venu le moment de lever le camp, Où-Vas-Tu rechigne quand nous le trouvons au paddock au lever du jour. Nous devons ruser pour le retenir dans un coin, l'amadouer en s'approchant avec la longe et tenter de l'attraper. La plupart du temps, il parvient à prendre la tangente, s'enfuyant à l'autre bout du pré et justifiant son nom incongru. Où-Vas-Tu n'a plus ni le physique ni le moral pour continuer le voyage. Sibylle et moi faisons part de nos inquiétudes à Jean, mais il ne veut rien entendre.

« Où-Vas-Tu est un champion d'endurance, sa morphologie est celle d'un corps maigre, c'est tout ! »

1. Les postérieurs d'un cheval qui forge viennent frapper ses antérieurs à chaque foulée.

Chaque jour, nous progressons d'un saut de puce sur la carte du sud, la France se déroule mètre après mètre sous le pas des chevaux. La distance est une mesure variable qui s'étire dans le rythme lent de ma monture. Perché sur ma selle, calé entre les sacoches et le troussequin, j'observe et médite. Le regard porte loin, je m'imprègne du monde alentour. J'observe les champs, la forêt, l'automne qui installe ses couleurs, la danse des oiseaux dans le ciel, la course des voitures sur les routes, le territoire mité par l'homme. Je me laisse bercer par les foulées de ma jument, perdant l'obsession du temps qui file et vivant avec le soleil. Les courbatures s'effacent, le vent emporte mes habitudes de citadin. Le grand air lave mon esprit en le débarrassant de toutes les choses inutiles qui encombrent d'ordinaire mon quotidien. En ville, l'horizon est bloqué, la vue porte rarement à plus de quelques centaines de mètres et ramène continuellement à des réflexions terre à terre. Je ne vois plus les étoiles entre les tours de béton, je perds le sens des réalités. Hors des jungles urbaines, le ciel se dégage, les perspectives s'élargissent et l'esprit s'élève. Je respire, ma poitrine se gonfle d'air. Mes muscles s'affermissent, ma peau emmagasine la lumière. Le ciel m'éblouit. Je pense que c'est ça, la vie. Je reviens à l'essentiel. Au-delà de l'équipement de randonnée et du matériel de tournage, mes sacoches ne contiennent que le nécessaire : une miche de pain, un morceau de fromage, quelques pommes, un peu d'eau et une ration de grain pour les chevaux. J'avance, libre et heureux, sans manquer de rien.

Le jour tarde un peu plus à se lever chaque matin – et notre troupe avec lui. Nous nous mettons en selle dans un froid mordant, les doigts gourds, puis nous

nous réchauffons avec les rayons du soleil. Les ombres s'allongent au fil de la journée et, le soir venu, nous cherchons un abri pour la nuit. Survivance juridique incongrue, la loi française stipule que chaque foyer doit disposer en permanence d'une botte de foin pour nourrir les chevaux du roi si, d'aventure, il venait à passer. La règle n'est plus observée mais nous trouvons toujours un toit et un enclos, que les rencontres soient prévues ou improvisées. Une fois passé la surprise de découvrir deux cavaliers devant leur porte, les villageois nous ouvrent leur demeure et leur jardin. Parce qu'il va à contre-courant de la cohorte d'inventions destinées à aller sans cesse plus vite, le cheval nous situe d'emblée du côté de ceux qui résistent à la marche de l'ordre dominant. Il agit comme un sésame au parfum de liberté, suscitant la sympathie et réveillant des rêves d'enfant. Nos hôtes nous questionnent sur notre voyage, curieux de savoir où nous allons et ce que nous cherchons. Ils décrochent leur téléphone, discutent avec quelques amis ou connaissances, et finissent toujours par dégoter deux rations de grain et de foin. Nous passons la soirée à bavarder et, le lendemain, nous nous quittons comme des amis. Il est si facile de rencontrer l'humanité, il suffit de frapper à sa porte. Ce miracle simple se répète chaque jour à l'identique.

Le voyage se poursuit ainsi, au gré des séquences du film et des rencontres avec des pionniers qui défrichent les sentiers du futur pour rendre notre planète plus vivable. À Arbonne-la-Forêt, nous rencontrons Sandra Le Texier, une entrepreneuse qui a ouvert un gîte et une table à destination des citadins stressés. À Courances, nous faisons la connaissance de Patrick Deedes, un gentleman britannique qui organise la transition vers l'agriculture biologique de vastes parcelles de terre avec l'objectif de produire suffisamment d'aliments agricoles de qualité pour nourrir la capitale. À Château-Renard, nous suivons, le temps d'une journée, Jean-Yves Gardoni, un agriculteur qui a construit une usine de méthanisation générant, à partir de déchets animaux, humains et agricoles, assez de gaz et d'électricité pour subvenir aux besoins de huit cents personnes… Je m'imprègne de l'énergie de ces personnages hors normes qui refusent de céder au défaitisme et incarnent la force contagieuse de l'optimisme. Nous retrouvons aussi Christian Ondet, notre sauveur qui comprend si bien les chevaux, et Nathalie, son épouse, chez qui nous faisons une halte et qui nous régalent des histoires de leurs voyages à cheval à travers le monde. Devant l'état de fatigue d'Où-Vas-Tu, Christian nous propose de nous avancer de quelques kilomètres avec son van. Soucieux de préserver la santé de nos montures, nous acceptons cette entorse aux principes de l'expédition.

Je suis happé par le voyage, pourtant une frustration persiste. Je cherche encore les grands espaces non domestiqués où les routes et les clôtures ne barrent pas le paysage. « Libre par nature », vante une marque célèbre de voitures au-dessus d'une plaine morne. Tout autour, des rangées de pylônes sont dressées sous le gris du ciel et des champs de betterave s'étendent à perte de vue. Je ronge mon frein.

II.

Par-delà la Loire

L'espoir au cœur de la France

Après avoir parcouru un bout du Loiret, nous entrons dans le département de l'Yonne. Nous remontons la vallée de l'Ouanne en tricotant un itinéraire autour des méandres du cours d'eau, passant à gué et traversant des îlots plantés de grands arbres et recouverts d'herbe grasse où des ânes et des chevaux nous saluent avec des cris et des cabrioles. Le temps est à la pluie, nous avançons tête baissée sous nos capes imperméables. Il faut trois heures pour relier Paris à Marseille en train, pourquoi diable avoir accepté de s'asseoir sur un cheval pendant deux mois ? Difficile de filmer du rêve sous des trombes d'eau, c'est une journée de tournage perdue.

C'est aussi une fin de chapitre, une dernière étape avec Où-Vas-Tu. Devant mon insistance combinée aux arguments de Sibylle, Jean a finalement accepté de remplacer le hongre et de nous amener un autre cheval à l'étape suivante. Avec un nouveau membre à bord, le voyage s'apprête à prendre une saveur dont nous ne connaissons pas encore la teneur.

Nous marchons le long d'une petite départementale sinueuse, où les voitures nous dépassent en faisant gicler des gerbes d'eau. Le moteur d'un camion énorme gronde derrière nous, il arrive à pleine vitesse. L'engin s'apprête à nous doubler par la gauche, mais nous sommes dans un virage et Unik l'aperçoit avec son œil droit. Je sens son dos se raidir entre mes jambes. Plutôt que de rejoindre le bas-côté, elle se déporte sur la chaussée en croyant échapper au prédateur. Le camion ne ralentit pas, la jument s'affole, s'agite et s'emballe. Je l'éperonne, l'invective, use de la cravache, rien n'y fait. Unik tord l'encolure, marche en crabe et continue à se déporter sur la chaussée. Coincé sur ma selle entre les fontes et les sacoches, je n'ai pas le temps de sauter à terre. Ce n'est pas un bon jour pour mourir, foutu cheval ! Nous sommes sur la ligne blanche, au milieu de la route. La mort a la forme d'un camion filant à toute allure. Dans un moment, ce sera le choc, le voyage sera terminé… Au dernier instant, Unik prend appui sur ses postérieurs et bondit vers la droite. Le camion nous frôle, je sens son souffle sur ma joue. Il rase la sacoche qui pend à gauche de ma selle, frotte la manche de mon imperméable et poursuit sa route sans donner un coup de frein. Je n'ai pas vu défiler le film de ma vie mais j'ai cru ma dernière heure arrivée. Je suis sonné.

Quelques minutes plus tard, nous arrivons à Malicorne chez l'astrophysicien Hubert Reeves. Le nom du lieu provient du latin *malus cornus*, qui signifie « mauvais carrefour » :

« Parce que, durant plusieurs siècles, des bandits de grands chemins y rançonnaient les voyageurs », explique le savant.

Je ne me suis pas fait rançonner mais j'ai failli laisser ma peau sur ce mauvais carrefour. Je me suis coincé le dos en me démenant sur ma jument pour éviter l'accident. Camille, l'épouse d'Hubert, remarque que je me tiens de travers. Je lui raconte l'épisode. Sans me consulter, elle décroche son téléphone. Je crois d'abord qu'elle parle à un médecin mais je comprends qu'il s'agit d'un rebouteux. La voix au bout du fil prétexte un emploi du temps trop chargé pour me recevoir, mais Camille insiste et rendez-vous est pris. Je n'ai rien à perdre. Me voilà au volant de la voiture de Camille, tordu, roulant au pas jusqu'à la commune de Fontenouilles. Je me gare sur le parking d'un pavillon encombré par une bétonnière, des piles de sacs de ciment et des tas de gravats. L'homme qui ouvre la porte a la soixantaine, il est petit et râblé comme un hercule de village. Il me tend une pogne énorme, plisse les paupières pour me scruter avec des yeux noirs et brillants et, avant même que je sois entré, déclare avoir diagnostiqué le mal qui me vrille l'échine :

« Vous exercez une activité physique intense, vous avez fait des mouvements brusques et vous vous êtes abîmé le dos. Quelques vertèbres sont déplacées… »

Maçon, peintre en bâtiment, il occupe aussi la fonction de guérisseur quand il n'est pas occupé par ses chantiers. Il me fait enlever ma chemise, me demande de m'allonger sur sa table et lance de manière solennelle :

« Alain Delon était étendu à votre place hier. »

Je devrais être impressionné par l'annonce, mais j'ai peur de devenir le jouet de ces mains habituées à manier la truelle. Je suis surpris de les trouver chaudes, presque brûlantes. Il les appose à différents endroits de mon dos et trace sur ma peau d'étranges dessins du bout des doigts. En quelques minutes, il libère les contractions, je sens se détendre tous mes muscles. Sans prévenir, il attrape mes jambes et, en deux coups secs, fait craquer mes hanches. Il me demande de me lever, prend de la hauteur en montant sur un billot de sapin, passe les deux bras sous mes aisselles et me soulève comme un sac de ciment que l'on hisse du sol. Ma colonne vertébrale craque de haut en bas. Je suis hébété, mais libre de bouger.

★

Hubert Reeves et son épouse Camille cherchaient un lieu de repos et de méditation à la lisière de l'Ile-de-France.

« J'ai déplié une carte, j'ai pointé mon compas sur Paris et j'ai tracé un cercle de 100 kilomètres de rayon, ce qui correspond à une distance raisonnable pour trouver la campagne à proximité de la capitale. Le cercle est passé par Malicorne », raconte Hubert avec un accent qui révèle ses origines canadiennes.

Camille et Hubert ont jeté leur dévolu sur un vieux corps de ferme au nord de la Bourgogne, un vaste bâtiment à la symétrie esthétique, organisé autour d'une cour fleurie et entouré d'un grand jardin. Dans leur sillage ont suivi d'autres scientifiques mais aussi des artistes, des écrivains et de doux rêveurs qui ont acheté des maisons dans les environs et se retrouvent régulièrement chez le couple Reeves. Camille est la bonne fée du lieu, celle qui le fait vivre et lui insuffle son âme. Elle tient table ouverte tous les jours pour accueillir les voisins et les amis de passage. Les repas sont animés par cette drôle de communauté intellectuelle prête à s'enflammer sur le nettoyage des océans, les secrets de conception de la sonde *Rosetta*, le sauvetage des abeilles, l'art de la taille du buis…

Après un déjeuner digne d'une conférence scientifique, Sibylle et moi déambulons dans le jardin en discutant avec Hubert de la marche du monde. L'humanisme du vieux sage émane de son allure lente et de sa barbe blanche.

« Voici la forêt millénaire », dit-il en s'arrêtant devant un îlot de grands arbres qui se tiennent haut et droit vers le ciel.

Il y a trente-cinq ans, émerveillé par la forêt de cèdres trimillénaires qui recouvrait une partie du Liban et dont, sous l'action de l'homme et des changements climatiques, ne subsistent plus que quelques spécimens, il a rapporté quelques graines et les a plantées ici.

« Ces cèdres sont un pari sur l'avenir. Ils sont tendus vers le cosmos d'où sont venus tous les atomes constituant notre planète. Ils ont une espérance de vie millénaire, pourtant on ne sait pas ce qui adviendra dans quelques décennies. Le futur est si imprévisible… »

Hubert s'inquiète de la précipitation de nos vies et du rythme effréné avec lequel la nature disparaît. Planter des arbres lui permet de s'ancrer dans la réalité et de se donner des repères stables. Militant écologiste, sa conviction est qu'il faut replacer la biodiversité au cœur de la société.

« Vous êtes venus chercher la campagne française, moi je ne la vois plus, j'ai l'impression qu'elle n'existe plus. Nous sommes en train de mener une guerre contre la nature. Si nous la gagnons, nous disparaissons ! Qu'il s'agisse de respirer, de se nourrir, de se vêtir ou de se soigner, nous, les humains, avons besoin des autres espèces, végétales et animales. Nous dépendons d'elles. Il faut mettre un terme à l'érosion de la biodiversité. »

Le monde a dépassé sa date de péremption. Depuis 1970, la Terre a perdu 58 % de ses populations d'animaux sauvages[1]. Dans la même période, celles des milieux marins ont baissé de 36 %, et les animaux d'eau douce ont vu leurs effectifs chuter de 81 %. Comme chaque mammifère, l'être humain affirme son droit de propriété sur la nature en la polluant, mais il ne se contente pas d'uriner sur le sol, il saigne et souille celle qui le nourrit. Il a provoqué le passage à l'Anthropocène, une période géologique déterminée par l'influence de l'homme sur la biosphère. Son action est devenue une force majeure qui anéantit chaque année des dizaines de milliers d'espèces animales et végétales, marque la croûte terrestre, change la composition de l'atmosphère, charge l'air et l'eau de substances toxiques… L'homme est un *serial killer* écologique. Les animaux ne seront bientôt plus que des images dans nos abécédaires, des aimants sur nos frigidaires, des représentations d'un passé perdu qui

1. Rapport du WWF, *Planète vivante 2016. Risque et résilience dans l'Anthropocène.*

peupleront notre imaginaire. Longue est la liste des animaux disparus ou menacés de disparition en France métropolitaine. « Alouette, gentille alouette… », dit la chanson, mais quel enfant du troisième millénaire peut se targuer d'avoir entendu le chant de ce petit oiseau ? Pas les miens. Lequel a observé une bécassine ? une grue cendrée ? un gypaète barbu ? un lapin de garenne ou une grenouille des champs ? Même les insectes s'éteignent, silencieusement. Il n'y a pas si longtemps encore, le moindre déplacement en voiture en constellait nos pare-brise. Les scientifiques peinent à quantifier cet effondrement mais s'accordent sur le fait qu'il constitue un signal alarmant. L'homme court à l'écocide, il creuse sa propre tombe. Il regarde sa maison brûler tandis que la bêtise et la loi du profit attisent les flammes. On prête ces paroles prophétiques à Geronimo, l'Apache qui connaissait l'appétit de l'homme blanc : « Quand le dernier arbre aura été coupé, quand la dernière rivière aura été empoisonnée, quand le dernier poisson aura été attrapé, seulement alors, l'homme se rendra compte que l'argent ne se mange pas. » Nous, Occidentaux, puisons sans mesure dans les ressources de la Terre tandis que les pays en voie de développement s'efforcent de suivre notre exemple après des siècles de disette. L'*Homo sapiens* n'est pas si sage que ça, il aura gagné un peu de vertu quand il reconnaîtra les atteintes à la nature comme des crimes. Il faut espérer qu'il trouvera des antidotes à sa folie.

J'enrage d'assister à la faillite de notre civilisation. Je voudrais mettre en avant des solutions plutôt que de filmer la chronique d'une mort annoncée. Je tempête contre les gouvernements impassibles, mais le vieux sage me raisonne. Il reste optimiste et garde foi en l'humanité.

« Quand on baisse les bras, c'est vraiment terminé. Il faut faire comme si c'était possible, comme s'il restait de l'espoir. Je ne crois pas beaucoup aux gouvernements, c'est plutôt aux municipalités d'amorcer le mouvement, en mettant un terme à l'utilisation des pesticides par exemple, ou en favorisant la culture de produits bio. Il se passe quelque chose au niveau local, c'est un phénomène majeur qui prend de l'ampleur… Il faut y croire ! »

Nous interrompons notre discussion car un van se gare sous le préau et ouvre ses portes sur le remplaçant d'Où-Vas-Tu. Nous découvrons Lars, un hongre de onze ans, franches-montagnes bai avec trois balzanes[1] – ce qui est de bon augure si l'on en croit le proverbe : « Balzane une, cheval de fortune ; balzane deux, cheval de gueux ; balzane trois, cheval de roi ; balzane quatre, cheval à abattre. » Lars est surtout rond et robuste, il a meilleure allure qu'Où-Vas-Tu, qui, après un court adieu, vient occuper la place laissée vide dans le van pour aller se remplumer dans les prairies du Morvan.

⋆

Citadine habituée aux faubourgs de la capitale, Saskia Machaczek a tourné le dos à un emploi lucratif de cadre commercial pour venir exercer sa passion du cheval

1. Taches blanches sur la partie inférieure des membres d'un cheval.

dans la Puisaye, un territoire de la Bourgogne fait de bocages, de prairies, d'étangs et de forêts. Le pari était osé. Plus qu'une simple reconversion, le projet de Saskia impliquait un changement radical de vie, quittant le confort d'un appartement parisien pour affronter la rudesse de la vie des champs, délaissant le clavier de l'ordinateur pour manier la fourche et conduire un tracteur. La jeune femme a réussi. Démontrant une volonté à toute épreuve, elle est devenue éducateur équin. Elle a ouvert un haras et propose ses services pour corriger le comportement des quadrupèdes difficiles. Débourrage, remise en confiance, dressage d'un cheval qui mord, tape, tire au renard, a peur du bruit, ne se laisse pas attraper ou refuse de monter dans un van… aucune de ces attitudes ne résiste à la pédagogie de Saskia. Sibylle et moi avions prévu de lui rendre visite pour raconter comment cette citadine a trouvé la liberté en s'attachant à la terre, mais, après la frasque d'Unik, il semblerait que la Providence l'ait placée sur notre route.

« Je vais commencer par la désensibiliser au mouvement, elle doit apprendre à gérer ses angoisses », explique Saskia en menant Unik au centre d'un petit manège circulaire.

Sibylle filme la scène. J'observe. Saskia tient la longe d'une main, et agite l'autre en faisant de larges mouvements autour de la tête et des flancs de la jument. Unik ouvre grand les yeux, tourne, trépigne, lève l'encolure… Elle essaie de se dérober, mais Saskia la suit en continuant sa gesticulation.

« Elle comprend que la fuite n'est pas une solution car, où qu'elle aille, le mouvement persiste », commente Saskia.

Unik s'accommode de l'agitation jusqu'à devenir impassible. Saskia répète la manœuvre en secouant un sac en plastique à bout de bras, puis, lorsque Unik n'affiche plus aucune inquiétude face à ce bruit irritant, elle attache deux rênes longues à son licol et l'emmène marcher sur le bord de la route. Je suis chargé de faire des allers-retours au volant d'un camion, frôlant Unik, freinant brutalement à son niveau, faisant hurler le moteur et klaxonnant. Saskia dirige la jument en marchant derrière elle, la contenant entre les rênes pour lui empêcher toute échappée. Unik commence par s'effaroucher et tente de s'enfuir vers le fossé, mais, après quelques minutes de travail, elle accepte le camion et avance docilement sur le bas-côté. Unik semble avoir vaincu sa peur.

Je me sens plus léger lorsque nous reprenons la route mais, une fois habillée de sa selle et ses pieds posés sur le goudron, Unik retrouve ses craintes. J'ai beau la rassurer, la jument fait une embardée à chaque passage de camion. À l'état sauvage, la fuite est la seule réponse du cheval face aux prédateurs : la plus belle conquête de l'homme est un animal peureux par nature. Unik est l'incarnation de ce trait de caractère, comme le révèle le blanc autour de ses yeux qu'elle garde écarquillés en permanence. Toujours à l'affût du danger, elle entretient une angoisse viscérale vis-à-vis des engins motorisés. Je ne crois pas au traitement qui corrigerait son comportement de façon définitive. J'ai accepté de me lancer dans cette chevauchée avec une jument sur laquelle je n'étais jamais monté, hormis lors d'une courte sortie de formalité sur les chemins du Morvan. Nous n'avions croisé qu'un seul véhicule, un tracteur, et j'avais mis l'agitation d'Unik sur le compte du vent qui soufflait et du tonnerre qui commençait à gronder. Je sais désormais à quoi m'en tenir pour le millier de kilomètres à venir.

⋆

Lars est un bon compagnon, il est placide et avance d'un pas soutenu. Son fonctionnement est simple : il marche tant que son estomac est plein. Si la faim le pique, il s'arrête pour arracher le moindre brin d'herbe à sa portée. C'est un glouton, un ventre sur pattes. Aux étapes, il aspire le grain en quelques mouvements de lèvres et, lorsqu'il a englouti sa ration, nous devons lui passer une musette[1] pour l'empêcher de manger celle d'Unik. La jument ne lui tient pas rigueur de ce comportement envahissant, elle est la première à s'accommoder de sa présence. Elle a vite oublié Où-Vas-Tu et offre des mamours à Lars à chaque occasion. Sur la route, les deux compères avancent soudés, comme s'ils craignaient de se perdre. Dès que l'un disparaît en avant dans un coude du chemin, l'autre frémit, hennit d'inquiétude et le rejoint en courant.

Deux semaines après avoir quitté Paris, nous avons trouvé la meilleure combinaison pour assembler les sacoches et il ne nous faut plus qu'une demi-heure pour panser nos montures, appliquer sur leur dos de grosses quantités de talc destiné à prévenir les blessures dues aux frottements de la selle, et ajuster le harnachement.

1. Sacs de toile que l'on remplit de nourriture et que l'on accroche au museau des chevaux.

Ma jument ressemble à un cheval de bât avec ses fontes, ses sacoches et les 25 kilos de grain répartis en deux sacs pendant de chaque côté de la selle.

Nous avançons hors du temps dans un silence épais comme le brouillard d'automne. À l'image du ciel laiteux qui semble couver une tempête de neige, la région est une « zone blanche », elle n'est couverte par aucun réseau de téléphonie mobile. Le département de l'Yonne est celui de France qui concentre le plus de communes libres des ondes. C'est un malheur pour les habitants, mais une chance pour moi qui vois là le signe que nous nous enfonçons vers le tréfonds des campagnes.

Un tracteur surgit sur le chemin. Nous hélons son conducteur, un costaud d'une cinquantaine d'années qui regarde d'un œil surpris ce cheval se trémoussant sur la chaussée. Il coupe le moteur, Unik se calme. L'homme est éleveur laitier, il s'exprime avec un accent rocailleux qui fait chanter les voyelles et tord la fin des mots. Nous demandons si nous pouvons faire son portrait et filmer son exploitation. Perplexe, il nous invite à desseller nos chevaux et à les mener dans un pré où vaquent deux vaches boiteuses. Nous n'avons pas d'orge à offrir à nos montures car nous n'avons pas trouvé de Gamm Vert sur la route, une enseigne de jardinerie qui propose à bon marché des assortiments de graines variées – l'équivalent du McDonald's pour les chevaux. L'homme nous donne quelques seaux de maïs, je les mets à tremper pour les ramollir. Lars s'en empiffre, mais Unik ne veut pas y toucher et se contente d'herbe.

Notre hôte se nomme Rémi Toussaint. Il possède cent cinquante prim'Holstein aux mamelles énormes. Deux mois plus tôt, il a investi dans trois robots de traite qu'il présente comme des merveilles technologiques.

« Avec ça, plus besoin de se lever à 4 heures du matin ! »

Il s'est endetté sur les douze prochaines années pour débourser le demi-million d'euros nécessaire à l'achat de ces machines rutilantes qui arborent l'inscription « Lely Astronaut » et semblent sorties d'un film de science-fiction. La brochure de la marque indique : « Les services d'un "employé modèle", capable de traire vos vaches 24 heures/24, 7 jours/7 pendant de nombreuses années. Avec notre robot de traite, une seule personne est capable de produire deux millions de litres de lait par an. » Chaque robot est équipé d'un bras mécanique qui vient se placer sous les trayons de la vache pour les désinfecter, y brancher quatre tuyaux guidés par un laser et aspirer le lait. Il identifie l'animal grâce à son collier électronique et collecte des informations sur sa productivité et la composition de son lait. Pendant la traite, il lui offre dans un baquet des hormones destinées à stimuler la lactation. Les vaches viennent se faire traire spontanément trois fois par jour pour profiter de cette manne d'aliments, une drogue dont elles deviennent dépendantes – et aussi parce qu'elles ont besoin d'être soulagées de la pression de leurs pis qui menacent d'exploser.

Hormis les bêtes boiteuses qui ont le droit à une échappée au pré, le cheptel de Rémi ne foule plus l'herbe et est condamné à vivre sous un préau bondé.

Une existence passée à manger, uriner, déféquer et se faire traire. Le lisier est nettoyé automatiquement par un racloir qui se déplace sur un rail couvrant toute la surface du hangar. Matin et soir, Rémi passe avec son tracteur le long des barrières pour déposer un mélange de nutriments et d'ensilage provenant de champs semés d'OGM et désherbés au Roundup[1]. Afin de garder une lactation continue, les vaches sont inséminées tous les ans, dès l'âge de deux ans, presque exclusivement à partir de la semence d'un géniteur unique sélectionné pour ses qualités morphologiques – ce qui explique pourquoi elles se ressemblent toutes. Les veaux mâles mis au monde sont retirés à leurs mères dès la naissance et élevés pour le marché de la viande, tandis que les génisses sont gardées pour la production laitière. Une vache laitière peut vivre jusqu'à vingt ans mais, face au rythme infernal auquel elle est soumise, elle est généralement « réformée » après sa troisième lactation – un terme édulcoré pour indiquer qu'elle est abattue et débitée en steaks.

Le camion-citerne de la coopérative laitière vient collecter la production de Rémi tous les trois jours. Si le prix moyen du lait en supermarché se situe aux alentours de 80 centimes d'euro le litre, Rémi le vend 30 centimes, à peine assez pour payer ses charges et dégager un salaire maigre. Cette année, à la suite de la perte du pouvoir d'achat des Chinois et de l'embargo russe sur les produits européens, le prix payé

1. Herbicide produit par la société américaine Monsanto et dont la substance active est le glyphosate. Utilisé massivement par les agriculteurs, il est reconnu comme toxique, irritant et cancérogène.

aux éleveurs a encore baissé. Le lait est un marché mondial en situation de surproduction.

« Je ne vais pas faire le calcul précis, ce serait trop déprimant, je dois gagner environ un euro de l'heure… » déplore Rémi.

Il raconte que les éleveurs sont les grands perdants des rachats et des prises de participation qui ont accompagné la restructuration de la filière ces dernières décennies : ils ont perdu la partie au profit des coopératives laitières, qui ont imposé leurs règles avant d'être contrôlées par les enseignes de grande distribution, puis par les banques et enfin par les fonds de pension. Chaque échelon pressure celui du dessous et, en bout de chaîne, l'éleveur n'a d'autre choix que de doper ses bêtes pour leur tirer le plus de lait possible et augmenter un peu la marge infime qu'il reçoit. Une vache produit naturellement environ 4 litres de lait par jour alors qu'une laitière en donne en moyenne 28 litres – le volume peut atteindre jusqu'à 60 litres. Tous les moyens sont bons pour accroître la productivité. Dans certaines fermes, les éleveurs disposent d'une vache à hublot pour surveiller la digestion des mammifères et sélectionner les aliments les plus performants : un trou de quinze centimètres est percé sur le flanc de l'animal pour permettre l'installation d'une trappe en caoutchouc ; l'éleveur peut y glisser le bras à tout moment pour atteindre l'un des quatre estomacs du ruminant et prélever un échantillon de la nourriture en décomposition.

L'agriculture biologique représente la seule alternative à l'escalade productiviste car elle permet aux travailleurs de la terre de se passer d'intermédiaires.

Mais Rémi n'y croit pas. La transition vers l'agriculture biologique ne se fait pas comme ça, pas du jour au lendemain. L'entreprise est de longue haleine. Il faudrait des années à l'éleveur pour ressusciter en profondeur les terrains qui nourrissent ses vaches et les purifier des engrais chimiques qu'ils ont absorbés pendant des décennies – depuis que la révolution chimique des années 1970 a banalisé l'utilisation des produits phytosanitaires. Il lui faudrait aussi mettre en place un réseau de filières courtes compensant une baisse de la production par une augmentation du prix de vente de son lait. Obligé par les dettes contractées auprès de son banquier et les factures qui s'empilent dans sa boîte aux lettres, Rémi n'a pas d'autre choix que de jouer la partition de la grande distribution et de la productivité. Rares sont les paysans qui parviennent, au prix d'efforts démesurés, à sortir de la spirale de l'endettement. Ils n'ont alors que leur ferme à transmettre en héritage d'une vie de labeur. Mais encore plus rares sont les jeunes prêts à se condamner à une existence de galérien de la terre, à travailler sans reconnaissance pour un salaire de misère. Des fermes où se sont succédé des générations de paysans laborieux tombent à l'abandon. Rémi, lui, a convaincu sa fille de prendre la relève. Il est fier et soulagé, la jeune femme donne un sens à sa lutte. Après des études de français langue étrangère et un emploi urbain dans le webmarketing, elle a accepté de retourner vivre à la ferme pour assurer la continuité de l'affaire familiale. Hormones, OGM, vaches confinées à l'intérieur… Elle se pose des questions mais assume avec confiance les choix de son père et travaille à ses côtés sans se plaindre. C'est une jolie fille de vingt-cinq ans avec la vie devant elle. J'ai envie de la secouer, de lui dire d'ouvrir la porte du préau pour libérer les vaches, lui expliquer qu'il y a d'autres voies… Mais je n'ai pas de leçons à donner. Elle et son père sont prisonniers d'un système vicié, en lutte pour leur survie, tandis que je suis un citadin qui ne fait qu'effleurer en passant les enjeux du monde paysan.

Rémi habite une imposante demeure de maître, mais c'est vers un autre bâtiment qu'il nous mène, un pavillon à l'abandon dont il ouvre la porte en disant :

« Vous pouvez passer la nuit ici. »

Il n'y a pas d'électricité, l'air est moite et fétide, et je ne vois pas un espace épargné par la saleté. Le sol est une scène de bataille jonchée de fripes déchirées et de livres abîmés. Remettant à plus tard le choix délicat de trouver une place où étaler nos duvets, Sibylle et moi nous mettons en quête d'un repas. Rémi nous prête une antique fourgonnette Citroën C15 et nous partons faire quelques courses au village voisin. De retour à la ferme, alors que nous nous apprêtons à dîner dans notre logement de fortune, Rémi nous invite à partager sa table avec sa fille et nous autorise à passer la nuit dans sa belle maison.

Au fil du dîner, Rémi se confie sur l'état du monde agricole.

« On laisse tomber les paysans alors qu'ils nourrissent le pays, et on permet à des traders de s'enrichir en achetant virtuellement des marchandises ! »

La terre est pourtant la seule vraie richesse à la base de toute société. Le reste n'est que transformation, élaboration et spéculation. Les agriculteurs font vivre l'humanité, ils devraient être fiers de la tenir dans le creux de leur main, mais ils ont perdu au grand jeu de dupes de la répartition du travail et de la mondialisation. La planète est à vendre, bradée par des sociétés qui dictent leurs lois aux États et aux agriculteurs. Les sols, comme les mers et les forêts, sont sacrifiés sur l'autel du Saint Fric. Plus de deux cents fermes disparaissent chaque semaine en France, principalement au profit d'exploitations agro-industrielles toujours plus grandes, et, dans le même temps, 1 300 hectares d'espaces agricoles et naturels sont recouverts de béton et de bitume. Les prix de la terre ont bondi de presque 40 % en dix ans, obligeant les jeunes agriculteurs à s'endetter à vie pour acheter leurs parcelles.

« Ce pays est foutu ! Nous étions dix millions d'agriculteurs en 1945, nous ne sommes plus qu'un million aujourd'hui ! Dans la restauration collective, la plupart des bovins et de la volaille sont importés, alors que des éleveurs locaux peinent à vendre leur production », s'enflamme Rémi, exprimant la révolte que je lisais dans les médias d'un œil distrait, suivant de loin les manifestations à répétition des agriculteurs sans saisir les raisons de leurs revendications.

Si depuis douze mille ans les paysans sèment, récoltent et échangent leurs graines, depuis quelques décennies des multinationales et des géants de la chimie s'approprient la nature avec des brevets et font interdire les semences qu'ils ne produisent pas. Le désespoir se fait sentir chez tous les paysans que nous avons rencontrés ces derniers jours. Hier, un autre nous disait :

« Les produits chimiques appauvrissent le sol et altèrent la qualité des récoltes. Ils détruisent la vie microbienne, pourtant nécessaire à la croissance des cultures. Ils font aussi calancher les paysans qui les manipulent. Y a qu'à regarder les mises en garde et les têtes de mort dessinées sur les emballages ! Le glyphosate est reconnu comme un produit cancérigène. S'il est autorisé, c'est grâce à la pression des lobbies et aux tours de passe-passe administratifs des industriels ! »

Les paysans sont prisonniers des pesticides et des engrais, ils doivent en augmenter les quantités chaque année pour conserver les rendements. Leurs coûts grimpent mais leur productivité baisse et leurs sols dépérissent. C'est une spirale infernale. Les empires agro-industriels font sentir leur emprise jusque dans le moindre recoin du territoire. Ils ont noyauté la FNSEA[1], le principal syndicat paysan, et imposent un système féodal aux agriculteurs. Tous les deux jours en France, un agriculteur se suicide, en se tirant une balle dans la tête ou en ingérant du pesticide, ce produit qui tue sa terre. La peine des hommes est infinie au cœur de la France.

★

Le soleil brille sur le département de la Nièvre, il fait reculer l'automne et éclater la verdure. Nous parcourons des forêts qui alternent futaies de chênes centenaires et clairières dégagées, promenant nos ombres sur un tapis de feuilles d'où émergent quelques

1. La Fédération nationale des syndicats d'exploitants agricoles promeut l'industrialisation, l'exploitation animale, l'utilisation de pesticides dans un but de productivité, à l'encontre des intérêts des paysans et des enjeux environnementaux.

champignons. Des bidons de grain déposés au pied des arbres attirent les sangliers qui ont imprimé sur le sol leurs traces fraîches, mais aujourd'hui les chasseurs sont au repos ou en vadrouille ailleurs. Le massif forestier se prolonge par un plateau découvert, une étendue posée entre le monde de la forêt et celui du fleuve en contrebas. La Loire est invisible, pourtant elle fait sentir son souffle tout proche, transportant le vent venu de la mer comme dans un couloir. Au loin, les deux cheminées fumantes de la centrale nucléaire de Belleville remplissent le ciel de gaze blanche. Nous cassons la croûte avec du vin, du pain et du fromage puis, légèrement grisés par la boisson et l'air lénifiant, nous nous allongeons pour faire une sieste pendant qu'Unik et Lars sont occupés à couper ras un carré d'herbe verte.

Nous traversons Cosne-sur-Loire ou plutôt, comme l'indique le panneau à l'entrée de la ville, Cosne-Cours-sur-Loire car les deux communes se sont tant étendues qu'elles n'en forment plus qu'une. Des rangées de pavillons se déroulent sur des kilomètres jusqu'au centre-ville. Ensuite, c'est une zone industrielle et commerciale comme on en trouve autour de toutes les agglomérations, un espace laid et sans âme, une forêt de tôle ondulée, quadrillée de routes et perforée de ronds-points, érigée au nom de l'« aménagement du territoire » – à quand le « ménagement du territoire » ? Une dizaine de familles ont posé leurs caravanes sur une aire réservée aux gens du voyage entre la route nationale et un hangar de tôle, un lieu à l'image de l'esprit d'accueil de nombreuses villes. Les enfants ont allumé un feu, ils nous saluent avec des hourras aigus. Trois d'entre eux viennent caresser les chevaux. L'un est pieds nus, un autre tient un lance-pierre. Une lueur brille dans leurs yeux comme un feu de liberté. Leurs parents louent leurs services en tant qu'ouvriers, déplaçant leur campement au gré des embauches dans les exploitations viticoles de la région. Je voudrais passer la soirée en compagnie de ces hommes et de ces femmes qui, comme nous, sont des voyageurs, mais nous devons avancer.

La nuit s'installe. Une nuit d'encre, noire et profonde. Nous frappons à plusieurs portes sans recevoir de réponse, réalisant que voyager à cheval, c'est refuser la facilité pour faire le choix d'un pensum hasardeux et sans cesse répété : trouver du grain et du foin deux fois par jour et se faire héberger avec deux bêtes plus encombrantes que des chiens d'appartement. Nous errons dans l'obscurité quand nous remarquons des taches éthérées, des apparitions qui prennent la forme de chevaux blancs. C'est un élevage de Camargue tenu par deux cavaliers passionnés. Nous ne nous sommes pas annoncés mais ils libèrent un champ pour Unik et Lars, nous offrent un verre de vin blanc dans le petit chalet qui leur sert de *club house* et nous déposent en voiture à Sancerre. J'ai besoin d'un festin après cette étape longue comme un jour sans pain. Sibylle, qui a un régime frugal, festoyant volontiers avec quelques verres de vin mais se contentant de peu de nourriture, ne veut pas dîner. Je sors seul en quête d'une table. Après avoir rôdé au hasard des ruelles sombres de la ville, je pousse la porte d'un restaurant cossu. J'ai pris soin d'enlever mes jambières de cuir, mais je détonne sur la moquette épaisse avec mes godillots, mes ongles noirs et le léger fumet de crottin et de sueur de cheval qui trahissent ma condition de cavalier errant. Je feins de ne pas remarquer les regards inquisiteurs tendus vers moi depuis les tables voisines, savourant une assiette de ris de veau, de trompettes-de-la-mort et d'oignons farcis au crottin de Chavignol.

Le lendemain, nous traversons la Loire en son milieu, par le pont de Pouilly-sur-Loire, sur lequel une pancarte de fer indique : source 496 km, embouchure 496 km. Nous n'en sommes pas encore à la moitié du voyage mais le franchissement du fleuve représente un jalon. En passant du nord au sud, nous enjambons une frontière culturelle qui partage la France en deux pays aux identités distinctes, symbolisés par la langue d'oc, les toitures d'ardoises et la cuisine au beurre au nord, et par la langue d'oïl, les toitures de tuiles et la cuisine à l'huile au sud. Frontière, plus long cours d'eau de France, la Loire est aussi un trait d'union entre les hommes et les régions, reliant les montagnes, les terres de volcans, les forêts, les landes, les prairies, les tourbières et la mer. Dans le passé, elle a été le vecteur d'activités intenses, utilisée telle une autoroute pour transporter des marchandises sur des bateaux à voile et à vapeur. Elle paraît désormais endormie, seules de petites gabarres amarrées dans le lit de l'eau semblent attendre des pêcheurs. Nous remontons le fil du courant en cheminant sur un terre-plein aménagé le long de la grève, sous de grands arbres qui reflètent leurs couleurs d'or et de cuivre dans l'eau. Au-dessus de nos têtes, des canards, des grues et des hérons cendrés traversent le ciel, en route vers des contrées plus chaudes.

Alice et Jean-Philippe, les producteurs, débarquent de Paris en voiture avec Éric Périssé, un opérateur de drone – ils ont parcouru en deux heures une distance qui nous a occupés plus de deux semaines. Ils nous rejoignent sur les bords de Loire pour tourner des prises de vues aériennes. Les chevaux ont peur de ce gros insecte siffleur qui les poursuit depuis les airs. Unik s'effarouche et fait des incartades, il faut plusieurs prises pour immortaliser quelques passages dignes des écrans de cinéma, des images évocatrices de nature et de liberté qui seront distillées dans le montage.

Après le travail, Jean-Philippe débouche une bouteille de vin et, avec une emphase propre à ses origines italiennes et à son charme de producteur, s'enquiert de notre état physique et moral. Il veut s'assurer que tout va bien et que nos montures sont en bonne santé. Il est préoccupé par le retard accumulé durant les premiers jours de voyage à cause de la mauvaise selle et de la boiterie d'Unik.

« Vous ne pouvez pas aller un peu plus vite ? »

Nous avions divisé en épisodes de dix jours le parcours entre Paris et Marseille, afin de réaliser six documentaires en soixante jours de voyage, mais jusque-là nous n'avons pas tenu le calendrier. Nous avons parcouru difficilement environ 30 kilomètres par jour sur un terrain plat, alors que certains des épisodes prévus cumulent plus de 400 kilomètres avec des dénivelés importants sur des sols rocailleux. Si nous ne faisions que cavaler, nous pourrions avaler les distances, mais une partie de nos journées est occupée par le tournage – qui est déjà une activité à plein temps, car réaliser un documentaire de 52 minutes en dix jours est une prouesse en soi. Les journées raccourcissent, le temps quotidien alloué au voyage et au tournage fond en conséquence. Nous promettons à Jean-Philippe que nous ferons notre possible pour rattraper notre retard, mais Sibylle et moi avançons déjà sans souffler, passant nos journées en selle ou caméra à la main, chacun le nez collé à l'écran de son téléphone pour trouver l'itinéraire le plus court. Ce rythme effréné n'est pas propice à l'harmonie, nous nous chamaillons sans cesse au sujet du chemin à suivre.

Je voudrais prendre mon temps, flâner sur les bords de la Loire, m'assurer qu'elle mérite le titre de dernier fleuve sauvage d'Europe, observer la vie de la faune et de la flore. Je me fais la promesse de revenir au printemps, quand les castors réparent les dégâts que l'hiver a fait subir à leurs huttes sur les îles boisées ; quand les balbuzards se détachent de la brume, virevoltent au-dessus du fleuve et plongent pour pêcher leur nourriture ; quand les sternes arctiques entament leurs parades nuptiales et que les saumons remontent le cours d'eau pour aller se reproduire.

⋆

J'ai attrapé la fièvre du voyage. Le besoin d'avancer m'appelle depuis mes rêves comme un automatisme, un réflexe vital. Je me lève avec le désir de remonter sur mon cheval. Cheminer sans interruption, cavaler pour vivre, cavaler jusqu'à en mourir, ne jamais cesser la danse vagabonde. Ce matin, je reprends la route avec une forme de soulagement. Perdu dans mes pensées, j'avance sur un tapis de ouate qui étouffe le pas de ma jument. Un brouillard flotte sur l'Allier et s'accroche au feuillage des arbres comme des nuages de coton. De longs faisceaux argentés percent le ciel noir et font miroiter les paillettes de la rosée sur l'herbe verte et grasse. Autour de la rivière s'étire le bocage bourbonnais, une succession de vallons de verdure coupés par des haies entre lesquelles paissent des charolaises massives et musculeuses. Elles suspendent leur mastication pour nous regarder passer, illusion isométrique de clones beiges qui lèvent la tête de concert. Des coquillages collés aux murs des habitations dispersées sur le paysage indiquent un chemin de Saint-Jacques-de-Compostelle. Les pèlerins sont passés et ne reviendront qu'avec le printemps, les paysans nous confondent peut-être avec des Jaquets en retard sur la saison.

À l'approche du village de Château-sur-Allier, j'avise un paysan qui sort d'un chemin au volant de sa voiture. L'homme, un sexagénaire au visage carré, baisse sa vitre. Je lui demande où nous pourrions trouver un endroit où passer la nuit. Il ne peut pas nous accueillir chez lui, mais il a envie de parler et se lance dans une diatribe sans direction.

« Je n'aime pas les mollassons de la gauche, faut pas m'emmerder moi ! En 68, j'étais du côté de ceux qui s'opposaient aux manifestants, j'étais prêt à tirer, je l'aurais fait si on me l'avait ordonné ! »

Il débite ces mots de façon joyeuse et poursuit en citant Rousseau et Voltaire :

« "Il n'a jamais existé de véritable démocratie, et il n'en existera jamais." J'aime aussi celle-là : "Il vaut mieux servir sous un lion de bonne maison que sous des rats mes confrères." Je lis beaucoup et je me souviens de tout, je suis un obsédé textuel ! »

Nous tentons de nous éclipser mais il enchaîne sur le peuple élu et les fours crématoires, qui n'ont pas brûlé assez longtemps à son goût. Nous réussissons finalement à nous échapper après avoir accepté d'échanger nos numéros de téléphone. Au moment où nous tournons les talons, il lance :

« Pour l'hébergement, essayez chez Paris, à l'entrée du village. C'est un socialo-communiste, il vous aidera ! »

Jacques Paris a la tête d'un gentil père Noël. Il n'exprime aucune surprise en ouvrant sa porte, comme s'il nous attendait. Il monte en voiture et nous trottons derrière lui quelques minutes jusqu'à un grand corps de ferme établi au-dessus de la rivière. L'endroit est le siège de « La Chavannée », une association d'arts et de traditions populaires des XVIIe et XVIIIe siècles qui réunit les habitants des environs en costumes d'époque pour chanter et danser au son de la vielle à roue. Je rêve d'une frairie paysanne mais ce soir nous sommes les seuls locataires du lieu. Jacques Paris nous montre les grandes pièces aux poutres massives, la salle de danse, le dortoir et ses quarante lits. Il ouvre les frigidaires de la cuisine, indique les réserves et sort un cubitainer de vin.

« Installez-vous, servez-vous, faites comme chez vous ! »

Notre bienfaiteur a lui aussi envie de parler. Sans que nous le questionnions, il raconte sa vie, expliquant qu'il a été mobilisé pendant la guerre d'Algérie et qu'il a assisté à la torture et au viol. Il a menacé de dénoncer ses supérieurs, qui se sont vengés en faisant de lui leur souffre-douleur pendant toute la durée de son service.

« La guerre m'a détruit, j'en suis sorti traumatisé », nous confie-t-il.

Au retour d'Algérie, il a été embauché comme instituteur et a réalisé que les jeunes du village n'avaient pas d'endroit pour s'amuser.

« Pour guincher, ils devaient aller à Moulins ou à Nevers, 40 kilomètres plus loin ! J'ai bâti ce cocon pour les aider et aussi pour me reconstruire et vivre paisiblement. »

Paris a économisé sur son salaire pendant dix années, jusqu'à pouvoir acheter cette ferme avec son épouse. Ses enfants puis des voisins ont rejoint l'aventure pour animer le lieu et en faire un espace de fête et de culture. Ensemble, ils ont constitué un groupe musical et une chorale enflammant les bals organisés dans la grange toutes les fins de semaine. Les jeunes n'avaient plus besoin de partir à l'autre bout du département pour danser. Paris et ses amis ont également créé une association de bateliers afin de reproduire les toues cabanées[1] de la marine d'Allier et d'organiser des sorties sur l'eau comme au temps où la rivière portait bateaux. Ils ont ensuite ouvert un musée dans une partie de la ferme, une habitation d'antan conservée à l'identique, où se tiennent des expositions.

Paris a quatre-vingt-un ans. Il a réussi une œuvre sociale et culturelle en cinquante ans de joyeux labeur, avançant avec constance et détermination pour changer

1. Bateau de pêche fluvial.

le visage de la région et lutter contre la fatalité de la désertification. Aujourd'hui, alors que ses petits-enfants prennent le relais pour animer « La Chavannée », il se consacre à l'écriture, afin de partager la richesse de l'histoire du Bourbonnais.

« Nous ne sommes pas auvergnats ici, nous sommes bourbonnais. L'Auvergne, c'est administratif, le Bourbonnais, c'est culturel. Et puis dans le temps, c'est l'Auvergne qui appartenait au Bourbonnais ! »

Le duché de Bourbon a longtemps été au service de la monarchie et a connu la puissance et la prospérité, comme en témoignent les donjons, les forteresses médiévales et les gentilhommières qui parsèment encore la campagne. Après avoir fait briller les ors de la royauté, le pays de Paris s'est converti au communisme au début du XXe siècle en créant des syndicats ruraux destinés à lutter contre la tradition du métayage. Le département a conservé cet esprit paysan militant et reste l'un des foyers actifs du communisme. Paris prolonge à sa manière une tradition d'engagement chère au bocage bourbonnais, où des générations de paysans se sont succédé, poing levé, pour secouer l'ordre établi.

Mon téléphone sonne. C'est le sexagénaire haut en couleur qui nous avait indiqué l'adresse de Paris à notre arrivée. Il veut savoir si nous l'avons trouvé et si nous avons besoin de quelque chose. Je réponds que nous n'avons pas de quoi nourrir les chevaux. Dix minutes plus tard, il rapplique avec une grande ration de foin et deux sacs d'avoine.

« Vous voyez, je savais que vous seriez bien chez le socialo-communiste ! » nous lance-t-il avant de remonter en voiture et de décamper sans que j'aie pu le remercier.

★

La campagne exhale un relent de vie comme un dernier souffle dans lequel elle libère toute sa force avant de sombrer dans l'hiver. La terre fait sentir son haleine, une odeur d'humus qui monte du sol et se mêle à la senteur d'un feu de bois. Le vent pousse dans le ciel de gros nuages noirs et décroche les feuilles des érables sycomores, qui tombent sur nous en une pluie dorée. Électrisés par l'air qui caresse leurs naseaux, les chevaux avalent en trottant les petits vallons du bocage bourbonnais. Unik et Lars frétillent comme s'ils nous demandaient la permission de partir en avant. Nous abattons leurs brides et les laissons aller au galop, ventre à terre. Nous traversons les champs, sautant par-dessus les herbes hautes. Ma jument me remercie d'un coup de croupe envoyé en l'air. Je me sens vivant.

J'ai mon téléphone à la main, Sibylle ne lâche pas le sien. Le téléphone est peut-être interdit au volant mais nous l'utilisons à cheval sans nous soucier de la maréchaussée, qui se contente de sourire en nous regardant passer. Nous sommes tous les deux rivés à nos écrans pour suivre les indications du GPS. Nos machines sont appelées *smart phones*, téléphones doués d'intelligence, parce que nous perdons la nôtre en leur déléguant nos sens les plus fondamentaux – comme la vision et la direction. En ville, des foules perdues marchent tête baissée, les yeux rivés à leurs appareils comme à des boussoles, s'imaginant ailleurs mais n'étant véritablement nulle part. Et nous ici, en pleine campagne, nous ne faisons pas mieux. Le dieu GPS est performant mais il n'est pas tout-puissant. Il nous guide vers des chemins qui n'existent plus, sur des terrains devenus privés après avoir été cédés par des communes endettées, devant des clôtures face auxquelles il faut faire demi-tour. Nous avons donné de l'avance au soleil en réglant nos montres à l'heure d'hiver, mais désormais il disparaît une heure plus tôt. Nous arrivons à la ferme de la Mhotte en pleine nuit, guidés par le halo blafard d'une lune pleine. Nous installons les chevaux dans deux paddocks avec eau et foin à volonté, puis nous sombrons dans un sommeil de plomb.

Le lendemain, nous rencontrons Iris Desbordes, une des fondatrices du lieu. À soixante-dix ans passés, sa beauté semble échapper aux lois de l'âge et du vieillissement. Son visage déborde d'une joie presque enfantine. Elle entretient une certaine méfiance vis-à-vis des médias mais elle accepte de répondre à nos questions lorsqu'elle apprend que nous ne sommes pas des journalistes – deux voyageurs à cheval ne peuvent pas être de mauvaises personnes. Tout en travaillant dans son jardin, grattant des plates-bandes à l'aide d'une binette, elle raconte comment, en 1991, elle s'est installée dans ce coin de l'Allier, au cœur de la diagonale du vide.

« Parce que la terre, désertée, y était moins chère qu'ailleurs », indique-t-elle.

Avec d'autres familles et quelques enseignants, elle a ouvert une école alternative en appliquant une vision holistique reliant l'homme et la nature.

« Jamais la tête sans les mains, et jamais les mains sans la tête ! » dit Iris pour résumer sa pédagogie.

L'école a compté jusqu'à trois cents élèves, mais, à la suite d'une accusation de dérive sectaire, elle a dû fermer pendant plusieurs années et n'en réunit plus qu'une cinquantaine. Les enfants y suivent un enseignement classique doublé d'un éveil artistique à la danse, au chant et à la peinture.

« L'humanité n'a jamais été aussi connectée et l'humain déconnecté. Notre société est vidée de sens et manque cruellement de spiritualité. »

La ferme de la Mhotte est l'aventure de la vie d'Iris, elle la définit comme un « projet social évolutif à la croisée du culturel, de l'agricole et du pédagogique ». Ce n'est pas seulement un établissement scolaire mais aussi, éparpillés sur un domaine d'une quinzaine d'hectares, une exploitation maraîchère, une échoppe, une pension pour chevaux, un collectif artistique qui organise des résidences et des spectacles. Derrière une apparence de quiétude indolente, l'endroit bouillonne d'énergie et agit comme un aimant. Tous les jours, la ferme se transforme en village animé. Des familles entières débarquent pour remplir leurs paniers à l'épicerie, fouiller la « Gratuiterie », un espace de collecte et de don de vêtements et de livres, ou faire un tour à « l'Est des Bennes », un local qui offre une seconde vie à des objets sauvés de la décharge.

L'exploitation maraîchère qui s'étale autour des bâtiments de la ferme produit des légumes de saison en biodynamie. Sous une serre, trois jeunes maraîchers coupent du mesclun et en rangent les feuilles dans des cageots. L'un d'eux explique :

« La biodynamie, ce n'est pas laisser faire la nature et attendre la récolte. C'est labourer, désherber plutôt que d'arroser de glyphosate, et surtout dispenser à la plante des soins préventifs de type homéopathique à base de matières végétales, animales et minérales. La biodynamie requiert beaucoup de travail et d'attention, ainsi que le respect d'un calendrier qui suit les rythmes terrestre et lunaire pour détailler les dates autorisées des opérations sur le sol, la tige, la feuille et le fruit de chaque culture. »

Ces méthodes sont teintées d'ésotérisme mais elles permettent de renouer avec un bon sens paysan accumulé pendant des millénaires et perdu en quelques décennies avec l'industrialisation de l'agriculture et l'utilisation systématique de produits chimiques. Le résultat se fait sentir à table, les aliments ont du goût. Les poireaux dans mon assiette rendent fades tous ceux que j'ai mangés ces dernières années. Nous déjeunons au soleil avec les habitants de la ferme, une quinzaine de personnes soudées autour du désir de revivifier une campagne désolée. La discussion qui anime la tablée est celle de la sortie de la propriété. Pour assurer la durabilité de la ferme et la protéger de la spéculation, les habitants cherchent un moyen de la racheter par l'intermédiaire d'un fonds de dotation destiné à collecter des dons. Tous ont des idées plein la tête et une envie féroce de refaire le monde. Pour eux, le futur n'est pas arrêté : c'est un chantier en cours, il est ce que nous en ferons.

« Nous ne sommes pas une communauté. Chacun vit chez soi, nous avons notre vie privée, mais nous nous rejoignons dans le même défi social, celui qui consiste à abolir la pyramide. Personne ne décide pour les autres, on discute et on essaie de faire émerger un consensus », raconte un jeune père de famille.

Cindy Chapelle-Renard et Martin Le Genissel, mes voisins de table, sont deux jeunes volontaires qui profitent d'un service civique pour contribuer aux bonnes œuvres de « l'Est des Bennes ». Le déjeuner terminé, nous les accompagnons à la décharge de Bourbon-l'Archambault où ils vont fureter pour approvisionner leur local. Cindy, cheveux roses et veste criarde en fausse fourrure, conduit le camion, un vieux tacot blanc qui râle à chaque changement de vitesse. Arrivée à destination, elle se gare devant une tente dans laquelle les responsables de la décharge ont sélectionné quelques objets susceptibles d'être récupérés. À l'intérieur, Cindy et Martin découvrent la récolte du jour : pièces de tissu, vaisselle, jouets…

« C'est comme la pêche, on ne sait jamais sur quoi on va tomber », raconte Martin en exhibant un lecteur de CD.

Un des employés de la décharge nous fait visiter son royaume de rebuts et de ferraille où chaque déchet est soigneusement trié selon sa nature. Le garçon a des yeux angéliques, une mâchoire de boxeur, des cheveux gominés et des bras tatoués de haut en bas. Il porte un tee-shirt affichant en gros l'inscription « FUCK THE SYSTEM ».

« Voilà ce que j'ai reçu ce matin ! dit-il en ouvrant un container rempli de machines à laver et de frigidaires. Et celui-là sera plein aussi d'ici ce soir, continue-t-il en montrant un autre container vide. Les objets sont conçus pour mourir au bout de quatre ou cinq ans, mais, si on est un peu bricoleur, on peut prolonger leur durée de vie… »

Je ne l'écoute plus. Devant moi s'étale le tableau de l'obsolescence programmée de notre société, condamnée à mourir comme les produits auxquels elle donne naissance. Mon moral retombe à zéro. Ce matin, à la ferme, j'avais encore la foi, je constatais que l'humanité avançait des solutions au fond de ses campagnes, là où la pieuvre du développement n'a pas déployé tous ses tentacules, au cœur d'îlots de verdure où la nature existe encore un peu, dans des zones libres où des hommes et des femmes se sont réfugiés pour entrer en résistance… mais désormais le doute me reprend. En regardant un tel amoncellement de déchets, ici, dans un lieu que je pensais épargné, le combat me paraît démesuré. Nous sommes nombreux à rêver d'une planète plus propre et nous y contribuons par de petits réflexes du quotidien, des dons à des associations de sauvegarde du vivant. Mais, malgré toute notre bonne volonté, nos ordures ont plus d'impact sur l'environnement que la somme des bonnes intentions que nous déployons pour réduire notre empreinte. Nous laissons derrière nous des monceaux de détritus qui subsisteront longtemps après notre disparition. Durant sa courte vie, un individu produit une quantité considérable de déchets qui continueront à polluer la terre pendant des milliers d'années, comme une marque indélébile. Nous oublions rapidement ces objets, une fois que nous les avons jetés à la poubelle, mais la moindre bouteille plastique voyagera dans les océans, libérant des substances toxiques et atteignant des contrées que son consommateur n'a lui-même jamais visitées. Il n'existe pas un coin de la planète échappant à la pollution, à l'image de l'île Henderson, un atoll de quelques kilomètres carrés posé au milieu du Pacifique Sud qui ne compte pas un seul habitant, mais enregistre une densité de déchets plastiques nulle part égalée.

Là où nous allons tous, nous n'emporterons pas nos téléviseurs et autres gadgets ; nous en laisserons les carcasses et les poisons à nos enfants. Héritage affolant d'inconscience et d'égoïsme. La facture de notre petit confort arrivera tôt ou tard. L'homme a gagné la longévité, le four à micro-ondes et le frigidaire… mais il n'a plus l'essentiel – sa liberté. Captif volontaire d'une prison sans barreaux, sa peur devient une lâcheté collective. Aldous Huxley avait raison : « La dictature parfaite aurait les apparences de la démocratie, une prison sans murs dont les prisonniers ne songeraient pas à s'évader. Un système d'esclavage où, grâce la consommation et au divertissement, les esclaves auraient l'amour de leur servitude[1]. »

⋆

Jean-Philippe téléphone. Il est inquiet. Il craint que les rencontres improvisées ne soient pas assez fortes pour nourrir le tournage et, surtout, il voudrait nous faire voyager plus vite. La météo a été exceptionnellement clémente pour la saison, cela ne peut pas durer. Octobre touche à sa fin, la pluie va finir par boucher le paysage, remplir les images et l'écran.

« Il faut vous faire passer vite, avant que ça vous tombe dessus. Après, ce sera le Massif central et la neige ! »

---

1. Aldous Huxley, *Le Meilleur des mondes*, 1932.

Il insiste pour nous transporter en van avec les chevaux et nous déposer à l'entrée des villages.

« Ce sera plus facile pour vous et pour vos montures, et vous pourrez vous concentrer sur les personnages que vous filmez », argumente-t-il.

Sibylle s'oppose à cette mise en scène, moi aussi. Nous ne voulons pas d'un voyage factice. Nous refusons et le rassurons en lui promettant de considérer cette option par la suite si notre retard s'accroît.

III.

L'Auvergne

La résistance heureuse

Des boutons sont apparus sur le dos d'Unik. Je sens leur relief sous le poil, ils ressemblent à un prurit, une irritation qui grossit un peu plus chaque jour malgré les applications de talc. Unik remue lorsque je passe la main sur la blessure, mais elle accepte la selle. Elle vide sa musette avec appétit et prend la route avec allure. L'odeur de l'herbe séchée monte de l'étable et, autour, celle de la forêt nous appelle. Nous marchons sur une départementale qui trace un chemin frêle entre les arbres. L'air est frais, le goudron brille d'une fine couche de givre sur laquelle les sabots martèlent leur musique. Au loin, indiquant le cap et annonçant le pays des volcans, les monts du Livradois dessinent une saillie sur le paysage. Les hautes terres du Massif central et son climat rude. L'Auvergne à proprement parler.

Le soleil monte dans le ciel, des senteurs de menthe sauvage s'échappent des fourrés. Le vent fait tomber les feuilles en pluie fine sur la petite route qui tournicote et, dans les champs sur le bas-côté, les chevaux et les ânes nous font la fête en hennissant et en ruant. Trois coups sourds détonent, tout proches. Des fusils derrière le gibier. Un silence, puis le feu reprend. Les salves s'enchaînent, s'espacent, et le calme revient. Émergeant de la masse verte, surgissant dans notre champ de vision, deux chevreuils se posent sur le bord du goudron. Ils s'arrêtent un moment, tournent les yeux vers nous, puis sautent d'un bond de l'autre côté du chemin pour disparaître entre les sapins. Les chasseurs ne les auront pas.

La journée passe, un voile brumeux sort de terre et prend possession des champs. Les chevaux traînent les pattes, nous les menons à la longe à travers les ruelles désertes de bourgs éclairés par des lampadaires blafards. Ce soir, c'est la fête d'Halloween. S'ils regardaient à travers leurs volets, les villageois pourraient apercevoir deux grands enfants déguisés en cavaliers de l'Apocalypse. Le noir est complet à l'écart des villages, nous avançons à l'aveuglette sur le bord d'une route sans bas-côtés. Nos lampes frontales ne suffisent pas à nous signaler, il faudra acheter des gilets de sécurité réfléchissants. Les chauffeurs nous frôlent sans nous remarquer ou se déportent au dernier moment pour nous éviter. Je serre les dents à chaque passage de voiture. Les phares lèchent la nuit, font apparaître un instant les bandes blanches de la chaussée et filent au loin.

À Puy-Guillaume, nous laissons Unik et Lars dans un pré, puis nous nous installons au Relais Fleuri, le seul hôtel de la région qui n'ait pas tout à fait périclité. Au bar de la réception, trois hommes éméchés palabrent dans un patois aux accents chantants. Deux d'entre eux sont des Tsiganes, l'autre est un ouvrier qui a réussi à conserver son emploi dans la fabrique de verre de la ville. Il a appris leur langue. Les compères tiennent à nous offrir un verre de bienvenue, nous ne refusons pas l'invitation lancée à la cantonade. Nous trinquons. Un des Tsiganes a une barbe noir de jais et des yeux d'un bleu marine intense. Je l'interroge sur son métier, il répond avec un clin d'œil :

« J'en ai deux : la ferraille et la chourave. »

Il me propose une belle voiture bon marché, je lui rétorque que j'ai déjà un cheval, cela le fait rire. Sibylle lui montre la perche fissurée de notre caméra et demande si lui, le « roi de la ferraille », peut arranger cela. Il téléphone à son frère, « le roi de la soudure » assure-t-il, mais l'alliage est complexe et le délai avant notre départ trop court pour intervenir. Désolé, il nous offre une autre tournée pour se rattraper. Nous buvons quelques verres en parlant des hautes cheminées de la verrerie qui ne tournent plus à plein régime et des ouvriers qui peinent à se reconvertir, jusqu'à l'irruption de l'épouse de l'un des soiffards. Elle pose sur lui un regard où gronde le scandale, en un instant le silence se fait dans le bar. Tandis qu'elle ressort avec son mari penaud, nous passons dans la salle du restaurant. La patronne, pompette et chancelante, nous sert deux assiettes du plat du jour, un couscous réchauffé peu ragoûtant que nous avalons avant de gagner nos chambres. Le sommier à ressorts de mon lit couine et grince comme un chat enroué à l'agonie. Toute la nuit, à travers le mur aussi épais que du papier à cigarette, j'entends mon voisin de palier pleurer et émettre de longs râles.

Le lendemain, dans la banlieue de Thiers, nous faisons escale au McDonald's dont l'arche dorée marque l'entrée d'une zone commerciale. N'ayant pas encore filmé notre quota de minutes quotidiennes, nous décidons d'improviser une séquence. Sibylle allume sa caméra tandis que je m'insère entre deux voitures dans la queue du McDrive. Unik la peureuse se tient tranquille. Elle accepte sans broncher les fumées des pots d'échappement et les vapeurs de mauvaise friture qui flottent autour de ce lieu que l'on nomme restaurant. Lorsque notre tour arrive, la serveuse au guichet, décontenancée, refuse de prendre ma commande. Elle appelle la gérante de l'établissement, qui insiste pour que je mette pied à terre et attache mon cheval. Je m'y oppose, prétextant une discrimination et une atteinte à la race des équidés. Je dois m'entêter pour me faire servir en promettant que la séquence n'apparaîtra pas dans le film, puis je mange mon hamburger sur le bord de la route. Je donne à Unik mon dessert de chocolat et de crème glacée, elle lèche le pot jusqu'à la dernière goutte pendant que des policiers en patrouille photographient la scène avec leurs téléphones.

Il nous faut encore deux jours pour rejoindre les plateaux d'Auvergne. Nous traversons des forêts vertes et des villages aussi gris que le ciel, où les seules taches de couleur sont les fleurs posées sur les pierres des cimetières dont nous distinguons la géographie du haut de nos chevaux. Ici comme ailleurs, des familles de vacanciers sont venues faire une halte sur les tombes de leurs proches pour honorer la fête des morts. Quand la pénombre gagne, nous poussons la porte d'un bar qui nous attire par sa tristesse et nous dînons d'un mauvais kebab en compagnie de trois diables installés devant un poste de télévision fatigué.

Les calvaires font leur apparition aux carrefours des hameaux, croix simples en granit ou ouvrages forgés représentant un Christ ou une Vierge. L'emprise urbaine s'estompe, les églises se coiffent de clochers octogonaux, le pisé remplace le béton sur les murs des fermes et des granges. Nous traversons le hameau de La Vie, où tout semble mort sauf le vent qui redouble. Les maisons sont abandonnées ou affichent « À vendre ». Les arbres craquent au-dessus de nos têtes, Unik trépide. La route monte en pente douce vers le royaume du sapin, une odeur de résine emplit l'air à mesure que nous prenons de l'altitude. Nous approchons du refuge du parc du Livradois-Forez, un espace composé de paysages chahutés, de tourbières désolées, de landes et de torrents.

★

Le jour se lève, Unik et Lars broutent la pâture d'un pré aux côtés d'une famille d'ânes. Le hameau surplombe la vallée de l'Allier, noyée dans une mer de nuages. Plein ouest, le regard atteint les volcans d'Auvergne, le massif du Sancy, le puy de Dôme et, en arrière-plan, le Plomb du Cantal, éclairés par la lumière rose du matin. L'auberge des Liards, ce coin d'éden, appartient à Astrid Ursem et Walter Verhoeve, deux cinquantenaires hollandais qui ont sillonné l'Afrique en tant que travailleurs humanitaires avant de tomber amoureux de l'Auvergne lors d'une randonnée et d'y poser leurs bagages pour ne plus en repartir. Ils ont acheté une grande métairie en ruine avec le projet d'en faire une auberge, rénovant un à un chacun des douze bâtiments du hameau qui s'étend sur 9 hectares de prés et de bois. Cinq bâtiments sont déjà fonctionnels, les autres ne sont que des murs écroulés sans toit ni charpente. Avec une énergie hors du commun et un grain de folie, Astrid et Walter reconstruisent des parois entières en piochant dans des tas de pierres pour assembler un puzzle géant. Quand chaque caillou a trouvé sa place, ils recouvrent les murs d'un mélange de chanvre et de chaux, une recette isolante utilisée depuis l'Antiquité, puis aménagent l'endroit en lieu de vie ou chambre d'hôte. Astrid et Walter se sont lancés dans cette entreprise titanesque quinze années plus tôt et ils ont de quoi s'occuper encore pour les quinze à venir.

« Ici, ce sera notre maison, un nid douillet pour nos vieux jours », déclare Walter en désignant un tas de pierres d'où surgissent deux espoirs de murs.

Le couple a aussi le projet d'héberger une maison de retraite dans l'un des bâtiments du hameau.

« Pas un mouroir qui sent le formol, précise Astrid, mais une maison de retraite autogérée avec un service de soins à domicile permettant de terminer sa vie sereinement, entouré de vie et de nature. »

Aujourd'hui, Astrid et Walter fixent une gouttière au banya – un bain à vapeur chaude conçu dans la pure tradition russe, avec une antichambre pour se déshabiller, une étuve pour transpirer et un salon pour se désaltérer. Jour après jour, Astrid et Walter créent une structure d'accueil tenant à la fois de l'auberge champêtre et de la chambre d'hôte. Ils se relaient derrière les fourneaux pour fabriquer le pain quotidien et servir les plats préparés à partir des produits de saison.

Au-delà de sa situation féerique, la particularité de l'auberge des Liards tient à la possibilité de payer son séjour en doume, une monnaie locale dont le nom signifie « dôme » en occitan et qui, quelques mois après sa mise en service, est déjà employée par plus de cent vingt-cinq commerçants. Astrid, membre du collectif associatif à l'initiative du projet, explique :

« La doume n'a cours que dans le Puy-de-Dôme, elle est conçue comme une alternative à l'euro. Elle réduit notre empreinte écologique en encourageant la consommation de produits locaux… et elle permet de reprendre le pouvoir sur notre argent en combattant les paradis fiscaux ! »

Dans notre système monétaire, les pièces et les billets ne représentent qu'une part négligeable, la majeure partie n'est qu'écritures informatiques. La spéculation a explosé grâce à cet argent rendu abstrait.

« La doume au moins, c'est du concret ! On compte actuellement une vingtaine de monnaies locales en circulation en France. Elles sont un antidote à la crise et permettent de stopper l'hémorragie de l'économie locale », continue notre hôte.

Je fais l'expérience de la doume en réalisant quelques emplettes au magasin de la ville voisine de Vic-le-Comte, où Astrid nous conduit en voiture. La boutique sert de comptoir d'échange, je convertis quelques euros pour payer mes achats. Les billets de la doume semblent factices avec leurs dessins représentant de la paille, de l'oseille, du blé, pourtant ils constituent un moyen de paiement véritable. Sur le chemin du retour, nous faisons halte chez une cueilleuse de plantes sauvages qui a elle aussi choisi la doume pour vendre sa production d'infusions, confitures, condiments et sirops. Astrid approvisionne la table de son auberge auprès de cette femme qui, tout au long de l'année, récolte des herbes aromatiques et médicinales dans le parc du Livradois-Forez, puis les fait sécher dans sa maison dont les recoins dégagent des effluves d'arnica, de lavande, de tilleul et de menthe poivrée. La cueilleuse est intarissable sur la flore locale et les remèdes de grand-mère. Je l'interroge sur la blessure d'Unik, car l'argile verte que j'ai achetée à la pharmacie et que j'applique en cataplasmes sur son dos reste sans effet. L'affection se développe comme un mauvais eczéma. Elle conseille l'huile de millepertuis, une plante réputée pour ses propriétés cicatrisantes, antiseptiques et analgésiques. Elle attrape une fiole dissimulée dans une alcôve derrière un grimoire et me la tend.

Nous passons la soirée au banya avec nos hôtes. La température flirte avec les 90 °C. Assis sur des bancs de bois, coiffés de bonnets de feutre destinés à protéger nos têtes de la chaleur, nous nous fouettons le dos avec des branches séchées de bouleau – un supplice censé favoriser la circulation sanguine et nettoyer la peau en profondeur. Nous sortons dans la nuit nous asperger d'eau froide à un baquet puis, emmitouflés de peignoirs, nous dînons dans le confort du salon situé à l'arrière du banya où défilent les verres de vodka et les zakouski à base de blinis, hareng, confiture, saucisson, salade…

★

Affranchi de la neige qui bloque habituellement les cols du massif, le ciel fait mentir toutes les prédictions. Il y a encore des feuilles aux arbres, des pommes dans les pommiers et de l'herbe en profusion sur le bord du sentier. Les salers rouges aux cornes pointues paissent dans des pâturages verts qui semblent ne pas avoir enduré l'été ni l'automne. Novembre est entamé, mais il flotte dans l'air une odeur de printemps. Les sabots de Lars et d'Unik s'enfoncent dans la mousse et les aiguilles de mélèze, nous marchons à pas feutrés sur les sentiers ombragés du sous-bois. À l'écart du chemin, les Douglas prennent toute la place. Nous allons au hasard entre les grands troncs, prenant plaisir à nous perdre entre les colonnes d'une cathédrale dont la voûte, haut au-dessus de nos têtes, est percée de fins rayons de soleil qui tombent sur le sol en une poussière dorée. Deux siècles plus tôt, un promeneur n'aurait trouvé ici que des champs austères et des estives peuplées de rares pectinés, mais désormais c'est le règne de la sylviculture et du sapin de Douglas, champion de la croissance rapide.

Au travail dans plusieurs parcelles de la forêt, des camions débardent et empilent des grumes[1] énormes pour les transporter dans la vallée jusqu'aux scieries qui font vivre des familles de bâtisseurs. Les coupes franches laissent des étendues dévastées, scènes lunaires labourées d'ornières profondes d'où émergent à intervalles réguliers les souches nues des géants de la forêt.

---

1. Bois coupé, encore couvert d'écorce.

Les branches cassées gisent sur le sol comme des os brisés, les copeaux broyés s'étalent comme un sang épais, stigmates d'un combat expédié à la machine. La grande dévoreuse n'est pas à l'œuvre aujourd'hui, elle travaille ailleurs, avec sa pince énorme qui saisit la souche, tranche l'arbre, le couche, l'ébranche et le débite en quelques minutes. Seuls les camions sont à la manœuvre. Le dernier du convoi, un engin démesuré charriant des mètres cubes denses de bois, lance sur nous ses phares dans la nuit pendant qu'Unik et Lars se gorgent d'eau à l'abreuvoir de Saint-Éloy-la-Glacière.

Je toque à un petit chalet en bordure du hameau. Une femme ouvre la porte, juste assez pour y passer la tête tout en retenant le chien miniature qui aboie entre ses jambes. Je lui demande si elle peut nous donner une chandelle. Elle fronce les yeux par-dessus mon épaule, aperçoit les chevaux qui se détachent de l'obscurité, puis revient avec un bout de bougie. Nous nous écartons du chemin et entrons sous le couvert de la forêt. Au milieu des sapins, nous trouvons une clairière riche en herbe pour les chevaux. D'autres sont passés avant nous ici, des décombres de pierres recouverts par la mousse et les saisons marquent les vestiges d'abris de bergers ou de forestiers. Sibylle tend une corde entre deux arbres et met Unik et Lars à l'attache pendant que je vais chercher du bois pour allumer un feu. Nous sortons de nos sacoches du fromage, une miche de pain et une bouteille de vin rouge – des ingrédients qui teintent notre étape de la couleur du luxe. Ça y est, j'y suis enfin. La selle comme oreiller, la voûte du ciel au-dessus de la tête, j'ai la sensation d'avoir trouvé ce que je cherchais. Je m'endors bercé par l'haleine de la forêt, le feu qui crépite et, quelques pas plus loin, la lente mastication des chevaux qui arrachent une bouchée d'herbe entre deux rêves.

Nous sommes réveillés au petit jour par un joyeux « Salut les enfants ! ». C'est Jean, à qui nous avions indiqué notre emplacement avant de nous endormir – nous étions convenus de nous retrouver un mois après notre départ de la capitale afin qu'il contrôle l'état de ses chevaux. Il tâte les ventres d'Unik et de Lars, flatte leurs épaules et leurs jambes, soulève leurs pieds pour inspecter la ferrure. Il paraît satisfait de leur bonne allure et n'est pas inquiété par l'eczéma d'Unik. Je ne lui parle pas de l'huile de millepertuis dont je badigeonne le dos de la jument tous les soirs et qui semble faire de l'effet, je me ferais traiter de thaumaturge ou de marabout. Jean fait deux trous dans le tapis de selle à l'aide d'une paire de ciseaux pour laisser la partie irritée du dos libre de tout contact.

« Ce n'est rien, ça va passer ! »

Il s'apprête à remonter en voiture pour repartir aussi vite qu'il est apparu, mais je le rattrape pour lui faire remarquer qu'Unik n'est pas adaptée à une expédition sur les routes de France. Hier encore, elle a sauté des fossés à trois reprises face à des camions dont le vent portait le bruit ; elle a évité la chaussée en se déportant du bon côté, mais cela n'a pas toujours été le cas. Jean reconnaît qu'il a subi lui aussi plusieurs fois les incartades d'Unik mais rappelle que nous n'étions pas censés emprunter autant les routes carrossables – il est vrai que, pressés comme nous le sommes, nous avons tendance à couper au plus court.

« Mets pied à terre quand tu sens qu'elle s'emballe devant un véhicule », me conseille-t-il.

Ce n'est malheureusement pas une option car, coincé entre les fontes et les sacoches, je suis incapable de descendre de selle rapidement. J'aurais préféré connaître ce trait de caractère avant de partir, c'était le prix à payer pour avoir entre les jambes une jument fringante. Les chevaux arabes sont appelés les « buveurs de vent », mais Unik déroge à la règle : le grondement des moteurs et le vent forment un mélange auquel elle est réfractaire.

★

Ambert est posée sur la rivière Dore, dans la vallée qui dessine une épine dorsale entre les monts du Livradois et ceux du Forez, entre le pays du soleil levant et celui du soleil couchant. C'est une petite ville de six mille huit cents habitants qui, après la solitude des sapins, a des allures de mégalopole. Nous descendons de la montagne et faisons halte devant un hypermarché où je vais acheter quelques boîtes de gâteaux et des sandwichs sous vide. Pendant ce temps, Sibylle fait brouter les chevaux sur une bande de pelouse entre les Caddie et la route départementale. Nous tournons ensuite autour de l'église, dépassons la mairie ronde comme une fourme et traversons les ruelles en colimaçon encadrées de maisons médiévales qui sentent la vieille pierre, la poussière et le secret. Puis, à pied à côté des chevaux, nous grimpons à l'est, sur l'autre versant, celui du Forez et de ses plateaux recouverts de landes – les Hautes Chaumes, où les rayons du soleil étirent les ombres et adoucissent le paysage jusqu'aux dernières lueurs du jour. Sur le bord du chemin, un homme transpirant en bras de chemise nettoie le canal d'un moulin avec une pelle. Autant pour le plaisir de la causette que pour celui d'interrompre un moment son labeur, il plante sa pelle dans le sol, tire de sa poche une blague à tabac et une feuille de papier sans gomme, et roule une cigarette en un tournemain. Il a peut-être soixante-cinq ans et semble sorti d'un livre d'images jaunies – l'accent en plus, celui qui transforme les « s » en « ch ». Il est né ici, sur le coteau.

« La route goudronnée, elle est arrivée dans les années 1970, en même temps que l'eau et l'électricité. Vous avez de la chance avec le temps, le bon Dieu est de bonne humeur aujourd'hui, ce n'est pas pareil sous la pluie, quand les nuages lèchent le chaume ! Et puis en hiver, le diesel gèle dans les moteurs, impossible de démarrer les voitures ! »

C'est ce bout du monde surplombant la vallée de la Dore que Maxime Fleurance a choisi pour domicile. Son histoire commence pourtant sur les plaines de la Sarthe, dont il est originaire, et se poursuit dans la classe préparatoire d'un grand lycée parisien. Il est sur un tremplin le destinant à une belle carrière d'ingénieur dans une entreprise florissante du CAC 40, avec plan d'épargne retraite et voiture de fonction, mais, ne trouvant pas de sens à cette existence toute tracée, il part étudier les sciences de la vie et de la terre dans un lycée agricole de Clermont-Ferrand. Alors que ses anciens camarades de classe arpentent les bureaux feutrés des multinationales, il décide de devenir maraîcher. Au cours de l'année 2009, il approche tous les maires du Livradois afin de leur exposer son projet d'installation et opte pour la commune d'Ambert, qui lui propose une parcelle cultivable. Avec un ami, il crée « La Poule Rouge », une exploitation maraîchère en agriculture biologique, et il ouvre une ferme pédagogique qu'il anime tout au long de l'année en organisant des ateliers pour les écoles des environs.

Devant sa maison achetée pour une bouchée de pain, Maxime nettoie une production de choux qu'il projette de vendre sous forme de choucroute. Armé d'un couteau, il pioche les légumes dans une remorque et en découpe les feuilles abîmées avant de les ranger dans des cageots. Le jeune homme veut faire du monde un endroit meilleur et estime que cela passe avant tout par l'alimentation. Les empires agro-industriels tiennent les rênes d'un modèle dont il souhaiterait sortir – un système qui affame les paysans et empoisonne les consommateurs. La France, maîtresse de l'art de la table, est aussi le premier consommateur européen de pesticides, insecticides et autres perturbateurs endocriniens. Les rayons de nos supermarchés regorgent de pommes contenant des résidus de boscalide, de fraises parsemées de thiaclopride, de pêches aux saveurs de fenhexamide…

« Avant de commencer à manger, on se souhaite bon appétit, dit Maxime. Il faudrait plutôt se souhaiter bonne chance. »

Pour s'approvisionner, les Français peuvent difficilement contourner les grandes surfaces, qui couvrent le territoire de manière plus efficace que les restaurants, les gares ou les hôpitaux. Avec 1 600 hypermarchés et

8 000 supermarchés sur son sol, notre pays est aussi le leader mondial de la grande distribution.

« Il faut être un héros pour ne pas aller au supermarché, mais cela devient possible ! » lance Maxime avec un sourire rayonnant.

Il s'est associé à huit paysans pour ouvrir en plein centre d'Ambert un magasin de producteurs, Le Local, dont les étals proposent en vente directe des aliments de qualité produits dans un rayon de quelques kilomètres : fruits, légumes, fromage, viande, miel, vin… À Ambert comme dans les autres petites villes du territoire, les commerces ferment les uns après les autres, mais Le Local ne désemplit pas. Maxime ne veut pas s'arrêter là. Fort de ce succès, il prévoit déjà de créer une conserverie pour fournir le magasin en produits en bocaux et étaler ses ventes de légumes tout au long de l'année. Il est en train de remplir des dossiers de demandes de subvention afin de réunir les fonds nécessaires.

« L'Auvergne est une terre vierge, c'est le Far West. Tout est possible car il y a tout à faire », commente-t-il.

Maxime incarne la résistance heureuse et puise sa force dans un optimisme sans bornes. Il illustre l'adage qui dit que rien n'est impossible, qu'il suffit de vouloir. À Ambert, le bonheur est dans le pré.

Le lendemain, le jour est à peine levé lorsque nous accompagnons Maxime au marché. Sibylle et moi l'aidons à dresser son stand sur la place vide de l'église, entre la fontaine et le monument aux morts, et à sortir du camion des casiers d'échalotes, d'ail, de navets, de tomates, de salades, d'aubergines… Maxime est à l'initiative de ce rassemblement hebdomadaire devenu en quelques années un rendez-vous incontournable des habitants d'Ambert.

« Le marché historique se tient le jeudi, explique-t-il, mais il y avait une demande pour un événement supplémentaire le samedi. Les marchés ont un rôle fondamental à jouer dans les villes, c'est là que s'échangent les idées et se fait la politique… Je produis des légumes, mais finalement c'est seulement un prétexte pour participer à la vie de la cité ! »

Sur son étalage, entre la caisse et la balance, Maxime installe une statue en céramique de poule rouge, symbole de sa ferme, puis nous buvons un café avec sa voisine surnommée « la reine du potager ». Alors que le soleil monte derrière le clocher de l'église, la place se remplit de passants venus faire leurs emplettes, parfois en utilisant la doume, que Maxime et les autres commerçants acceptent volontiers. Les paniers se garnissent, les discussions se nouent autour de la douceur inhabituelle de l'automne, les potins fusent et volent d'un étal à l'autre. À midi, les cloches de l'église sonnent l'angélus – trois fois trois coups suivis d'un long carillon. L'église, de facture gothique, a été bâtie en l'honneur de Jean le Baptiste, saint chrétien considéré comme un prophète par l'islam. Tel un pont entre les deux religions, le clocher est coiffé d'une tourelle qui ressemble étrangement à un minaret. Ce détail n'est pas anodin car Ambert est la seule ville de France où se perpétue la tradition du cornaïre héritée de l'époque des croisades : chaque année, pendant la semaine sainte, aux cloches qui se taisent en signe de deuil se substitue le chant du cornaïre, une grande trompe de fer-blanc soufflée aux quatre coins cardinaux selon le principe du muezzin appelant à la prière.

L'angélus sonne aussi l'heure de l'apéritif. Lorsque les badauds ont disparu de la place, les producteurs replient leurs tréteaux et se retrouvent à la terrasse du café, au pied de l'église, face au restaurant dont l'enseigne affiche « Kebab Saint-Jean » – une géographie qui témoigne que les croisades ont essaimé dans les deux sens et que la concorde religieuse n'est pas un mythe. Quatre tables sont rassemblées, bientôt couvertes de saucisson et de fromage. Le vin rouge remplit les verres pendant que les amis échangent les nouvelles de la semaine. Ils sont une vingtaine, presque tous jeunes venus d'ailleurs pour inventer leur vie au cœur de l'Auvergne. Ici comme dans d'autres campagnes, les néoruraux tel Maxime apportent le changement. Poussés par l'envie de créer et libres de toute entrave, ils débarquent avec l'ardeur des pionniers et n'hésitent pas à secouer l'ordre établi. Pour le maraîchage comme pour la religion, l'apport de cultures extérieures enrichit les habitudes locales. Autour de nous, deux personnes seulement sont originaires de la région, dont Dominique Boithias. La cinquantaine, d'épaisses lunettes de vue et une coupe mulet qui lui couvre la nuque, il sirote son verre tout en caressant un petit chien replié sur ses genoux. Producteur de tomme, il possède une trentaine de vaches montbéliardes. Il est arrivé le dernier sur le marché, à 10 heures. Ses clientes – des femmes, exclusivement – l'attendaient en ligne ordonnée pendant qu'il montait son stand. Il les a servies l'une après l'autre, discutant longuement avec chacune, sans qu'aucune plainte ni aucun signe d'impatience s'élèvent de la queue. Les amis autour de la table lui demandent son secret pour entretenir tant de fidèles.

« Elles viennent autant pour moi que pour mes fromages. Je pense qu'elles m'aiment, elles sont toutes amoureuses de moi », répond-il avec sérieux.

Nous sommes invités à passer la soirée chez Étienne Astier, le deuxième de la bande à être auvergnat.

« Je suis né au mauvais endroit, je veux me barrer, partir en Bretagne et vivre sur un bateau », raconte-t-il sans détour pendant que nous disputons une partie de palets bretons[1] dans son jardin.

L'Auvergne attire les étrangers mais fait fuir les natifs. Avec son caban et sa gueule de Corto Maltese fichée de longues pattes qui descendent sur ses joues, Étienne cultive un style breton comme un romantique en mal d'amour. Il expose des maquettes et des photos de navires dans toute sa maison, pourtant il n'a encore jamais posé le pied sur une embarcation.

Quelques jours plus tard, Maxime officie comme chef de chœur de la « ralco », une chorale composée d'une quinzaine de membres qui se retrouvent régulièrement chez l'un ou l'autre des chanteurs. Les meubles sont poussés contre les murs pour accueillir la troupe, puis les gorges se gonflent et les voix s'échauffent. Sous la direction de Maxime, les chanteurs entonnent *Back in USSR* des Beatles, d'abord en murmurant, puis à gorge déployée. Je suis subjugué par la force qui se dégage de ce groupe vibrant à l'unisson sans accompagnement instrumental. Ces hommes et ces

1. Jeu consistant à lancer des palets de fonte sur une planche de bois.

femmes prennent un plaisir évident à chanter, ils respirent le bonheur alors que leurs voix s'élèvent pour emplir l'espace. Ils enchaînent avec une interprétation de *Get Lucky* de Daft Punk, puis d'autres morceaux de leur répertoire, reprises ou créations. Dans quelques mois, ils quitteront le secret des salons pour animer les places des villages et participer aux réjouissances paysannes qui rythment les saisons. Maxime et ses amis sont empreints d'un esprit de communauté qui les rassemble autour d'activités associatives dans lesquelles ils partagent leur énergie, leur joie et leurs efforts : concerts, projections de films, débats, fête du cidre, fête de la châtaigne… Ils délaissent l'argent, le tourbillon des médias et la folie des réseaux sociaux pour construire un monde fondé sur la solidarité et l'amitié, des valeurs qui permettent de faire émerger des solutions aux maux de notre société. Il faut les entendre chanter en chœur pour comprendre que la grande aventure contemporaine, c'est le futur qu'ils sont en train d'écrire dans nos campagnes. Il suffit parfois de quelques individus pour faire basculer le destin d'une région entière.

⋆

Lars s'arrête à chaque foulée pour arracher les touffes d'herbe qui s'offrent à lui sur le bord du chemin, il cède à toutes les tentations. Lorsqu'il traîne trop, je fais disparaître Unik derrière un arbre ou un tournant ; il lève alors la tête et, n'apercevant plus sa compagne, lance un cri strident avant de la rejoindre au galop. En retour, Unik feint de l'ignorer. Elle est en chaleur, c'est sa façon de faire la belle. Elle déchaîne les passions, les chevaux hennissent et les ânes braient à son passage. Même le groupe de chevreuils enfermés dans un enclos en marge du chemin semble témoigner un intérêt particulier pour cette jument qui marche à la tête de notre équipe. Unik va sans se retourner. Elle est pleine de vitalité, son eczéma se résorbe grâce à l'huile de millepertuis et elle accepte désormais sans rechigner le contact de la brosse et de la selle.

Nous remontons le cours de la Dore, tantôt en selle, tantôt à pied à côté des chevaux. Nous avançons sur des plateaux découverts ou dans des sous-bois exhalant des odeurs de résine sucrée. Dans les villages et les hameaux, appelés par le cliquetis des sabots, les habitants se penchent à leurs fenêtres. Les anciens sourient en nous regardant passer, se souvenant de l'époque où le cheval faisait partie de leur quotidien, tirant les charrettes aux champs et approvisionnant les places de marché. Nous sommes des versions modernes de ces cartes postales en noir et blanc représentant les paysans d'antan posant fièrement à côté de leur vache ou de leur cheval chargé de sacs de farine. Elles sont toujours accompagnées d'une légende – la nôtre indiquerait « Voyageurs en quête de sens sur les chemins de la France buissonnière ».

Alexandre Vialatte, chantre de l'Auvergne, écrivait : « Vous serez pris par un charme amer difficilement définissable. Car l'Auvergne est un meuble pauvre que la France a relégué longtemps dans sa mansarde. Elle s'y est imprégnée d'une odeur de grenier, de vieux temps, de rêve, de bois de sapin. Elle sent la bure et la fumée. C'est un secret plutôt qu'une province. Elle vous tourmente toujours d'un songe. C'est quand on l'a trouvée qu'on la cherche le plus[1]. » Je découvre l'Auvergne, son histoire et sa culture. La tradition des chapelets, confectionnés par les grands-mères pendant le temps libre accordé par leur séjour annuel à l'estive. L'économie locale, tenue par les familles : celles qui exploitent le commerce du bois, celles qui se partagent la cueillette des champignons, qui s'exportent dans le monde entier, celles qui fabriquent les fromages dans la fraîcheur des jasseries, ces abris d'altitude aux toits en chaume de seigle. Il y a aussi les familles des moulins, qui perdurent depuis un détour curieux pris par l'histoire au XIIe siècle, lorsque Jean de Montgolfier, un ancêtre de la famille légendaire du même nom, partit en croisade. Il fut fait prisonnier et condamné à travailler dans un moulin à papier à Damas, d'où il s'échappa après trois années de captivité en emportant les secrets de fabrication de la pâte à papier – que les Arabes avaient eux-mêmes obtenus des Chinois. De retour en Auvergne, il lança une tradition à laquelle se consacrèrent plusieurs centaines de moulins qui firent la richesse d'Ambert et de ses environs. Au XVIIIe siècle, pour pallier le déclin de l'industrie papetière, les moulins furent reconvertis dans la fabrication de tresses textiles et électriques, un savoir-faire partagé par une dizaine d'entreprises familiales devenues leaders dans le secteur.

À Marsac, nous faisons la connaissance de Boris Bouchet, un architecte qui, pour résister à la désertification médicale, a donné vie à une maison de santé.

---

1. Alexandre Vialatte, *L'Auvergne absolue*, Paris, Julliard, 1993.

À Arlanc, nous faisons halte chez Sylvain Lemoine, un inventeur, sorte de Géo Trouvetou fantasque qui brasse de la bière, fabrique d'étranges vélos couchés, et fait de l'écologie appliquée pour étudier les rapports entre l'habitat et l'environnement. Où que nous passions, le Massif central se révèle un carrefour, un espace d'échanges de personnes, de marchandises, d'idées et de cultures… Loin des clichés de l'enclavement, il assure un trait d'union entre l'Atlantique et l'Europe, entre le Nord et la Méditerranée. Je suis séduit par l'Auvergne, attiré par le mystère de ses forêts, ce royaume du vert où tout semble possible. J'ai envie de m'y retirer avec mon épouse et nos enfants. Je voudrais m'installer dans une ferme à l'écart de la société numérique où tout va trop vite. Passer mes journées au grand air, vivre de vent, plonger les mains dans la terre pour y puiser ma nourriture et, le soir venu, danser autour d'un feu pour chanter la nature féconde et créatrice. Célébrer la fin de la religion du profit et des taux de croissance qui n'enrichissent que quelques-uns, et bâtir une société construite sur le respect, le partage et la beauté.

Je m'éloigne des massifs du Livradois et du Forez avec la sensation de quitter le territoire d'une joyeuse communauté d'idéalistes réalistes. Au cœur des bois, la croix du Bancillon marque l'entrée dans le territoire du Velay et le département de la Haute-Loire. Érigée à l'emplacement d'un cimetière de pestiférés, c'est un calvaire massif en granit représentant un Christ sur une face et une Vierge sur l'autre. Jules César, venant d'apprendre la révolte des Gaules, se serait arrêté à cet endroit, médusé par la résistance acharnée tenue par Vercingétorix et le peuple des Arvernes. Mais c'est l'histoire récente qui me rattrape, nous sommes le 11 novembre et la cloche qui sonne au loin rappelle l'armistice de la Grande Guerre.

★

Nous arrivons au lac de Malaguet en pleine nuit par une route tortueuse qui découpe un ruban étoilé dans la cime des arbres. Au bout du chemin, le lac offre son miroir au ciel et brille de mille étincelles. Un gîte bardé de bois est construit en bordure du plan d'eau, un luxueux repaire pour pêcheurs en quête de nature et de silence. Thomas Jacques, le gérant, nous offre l'hospitalité et propose d'installer Unik et Lars de l'autre côté du lac, dans un grand pré qui se perd dans les sapins et où une herbe haute fournit une bonne pâture. Le terrain est entouré d'une barrière, mais nous devons en isoler une partie avec une clôture électrique car Thomas y a aperçu d'autres chevaux pendant la journée. Laissant Lars et Unik à la bonne garde des étoiles, nous rejoignons le gîte pour un dîner de truites poêlées. Charmés par l'esprit du lieu, Sibylle et moi décidons de nous accorder une journée pour filmer le lac et faire de Thomas l'un de nos personnages.

Au lever du jour, le lac apparaît dans un écrin de sapins verts et de saules jaunes. Des écharpes de brume flottent sur une eau qui reflète le ciel mauve. Deux musettes d'orge à la main, nous marchons dans l'herbe couverte de gelée pour retrouver Unik et Lars. Nous marquons un temps d'arrêt devant la barrière du pré car les chevaux de l'autre côté ne sont pas les nôtres, mais deux hongres bais qui nous observent avec curiosité.

Unik et Lars, eux, ont disparu. La clôture électrique a été arrachée. Je récupère le fil et les piquets épars dans l'herbe. Il n'y a rien de pire pour des cavaliers que de perdre leurs montures, véritables compagnons de route. Je crains que le paysan propriétaire du champ ne nous ait joué un vilain tour destiné à marquer son territoire en remplaçant nos chevaux par ses deux hongres. Nous faisons le tour du lac, sifflons, appelons, sondons les abords de la forêt. Après d'interminables minutes de recherche, nous retrouvons Unik et Lars occupés à paître à l'autre extrémité du terrain. Je suis soulagé, mais tout n'est pas réglé pour autant. Les chevaux se tiennent en deux groupes, chacun campé sur son bout de pré, guettant l'autre du coin de l'œil. Le statu quo ne va pas durer, je crains une bagarre d'autorité destinée à départager le cheval dominant. Unik et Lars vident leurs musettes d'orge tandis que les deux autres chevaux, penauds, les regardent avec envie. Nous quittons les lieux, résignés à laisser faire la nature.

La journée se déroule avec Thomas au rythme de la fabrication de leurres en plumes imitant les insectes de saison, et des sorties sur l'eau qu'il organise avec ses clients pêcheurs. Artificiel, le lac de Malaguet a été rempli au XIVe siècle par les barons d'Allègre afin de mettre un terme aux famines à répétition qui décimaient leurs sujets. La baronnie d'Auvergne n'est plus mais le lac est resté. Il couvre une superficie de 22 hectares et regorge de poissons, truites arc-en-ciel aux flancs orangés et farios mouchetées de rouge. Thomas en a fait son terrain de jeu. Tandis qu'il nous initie à l'art de la pêche à la mouche, nous l'interrogeons sur les nombreux panneaux affichant « Rivière à saumons » au-dessus des cours d'eau de la région. Thomas raconte qu'au XIXe siècle, les ouvriers employés à la construction du chemin de fer traversant l'Auvergne – un territoire vierge surnommé le « Nouveau Monde » – firent la grève pour réclamer un déjeuner par semaine sans saumon sauvage, une nourriture facile qu'ils retrouvaient tous les jours dans leurs gamelles. Les saumons peuplaient alors les rivières en abondance, mais ce temps est révolu car ils ont été décimés, victimes de la pollution des eaux, de la surpêche et des trop nombreux barrages. Dans l'Allier, par exemple, malgré les très coûteux ascenseurs à saumons construits pour leur permettre le franchissement des barrages, ils ne seraient plus que mille cinq cents environ à remonter le cours d'eau alors qu'ils devraient être cinq mille pour assurer la perpétuation de l'espèce.

Nous repassons voir Unik et Lars dans l'après-midi avec le projet de les conduire au bord du lac pour les faire boire. Les quatre chevaux forment désormais un groupe soudé, la timidité et la suspicion ont disparu. Aucun ne présente de blessure, aucun ne fait montre d'agressivité. Les deux hongres ont le poil long des chevaux qui restent au pré sans être montés par l'homme. Leur proximité a donné des aspirations de liberté à Unik : elle fuit dès que je l'approche et se réfugie entre les deux autochtones. Lars, plus docile, se laisse aborder. Sibylle lui passe le licol et nous le sortons du pré en espérant qu'Unik lui emboîte le pas. Arrivé au bord du lac, Lars réalise qu'Unik ne nous a pas suivis. Séparé de sa belle, il crie à l'attentat, hennissant en tendant vers le ciel sa bouche grande ouverte. Au loin, Unik lui tourne le dos et se colle à ses nouveaux amis sans s'inquiéter de la disparition de son binôme. Les hennissements de Lars déchirent l'air, roulent sur l'eau et résonnent autour du lac, démultipliés par l'écho. Il tire la longe pour tenter de se libérer, Sibylle s'accroche, elle est entraînée sur quelques mètres et doit lâcher prise. Lars s'échappe, fait le tour du lac, et retrouve Unik en traversant la barrière du pré par une brèche que nous n'avions pas remarquée – les efforts déployés pour isoler nos montures étaient vains dès le départ. Les chevaux ne boiront pas au lac, ils trouveront dans l'herbe gorgée d'eau de quoi étancher leur soif.

⋆

Vendredi 13 novembre. Unik piaffe sous la selle, elle trépigne comme un cheval de course. Peut-être est-ce l'effet de la journée de repos, ou bien le séjour au sein de la troupe d'eunuques. Nous arrivons à Allègre en caracolant dans les ruelles qui montent à l'assaut de la petite ville médiévale. Autrefois bourg rural prospère connu pour ses foires et ses marchés, Allègre semble avoir été abandonné après avoir subi les foudres de l'Apocalypse. Du château qui trône sur les hauteurs, il ne reste plus qu'une corniche menaçante ressemblant à une potence. Les vieilles habitations de pierre montrent volets clos, les boutiques sont fermées. Les devantures laissent deviner des inscriptions recouvertes par la poussière, comme des mirages du passé : « pharmacie de 1re classe », « tabac – fleurs », « charcuterie – auberge », « chaussures – café du centre »… Au détour d'une ruelle aussi désolée que les autres, une pancarte reluisante semble lancer un défi à la désuétude. Elle affiche en lettres de couleurs : « Fleur de cuir, maroquinerie ». Je décide de faire réparer mes sacoches, qui présentent des signes de fatigue aux encoignures. Par endroits, les coutures ont cédé et se relâchent. Tandis que Sibylle allume la caméra pour filmer la scène, j'ouvre la porte de la boutique. Il flotte à l'intérieur une odeur douce de cuir. Je distingue, sur les rayonnages, des chaussures, des sacs, des porte-monnaie et, dans un coin de la pièce, une pile de peaux tannées de couleur. Derrière le comptoir, une jeune femme est occupée sur une machine à coudre.

Leslie Salathé n'a pas trente ans. Originaire d'Aix-en-Provence, elle a monté son atelier à Allègre quatre ans plus tôt, attirée par le faible coût de l'immobilier auvergnat et les primes à l'installation proposées par la région. Car l'Auvergne a décidé de lutter activement contre le dépeuplement à travers différentes incitations : accompagnement dans la recherche d'emploi, soutien des projets de création ou de reprise d'entreprises, prise en charge des premiers mois de loyer, subvention salariale de 1 000 euros par mois pendant un an… et même une garantie « satisfait ou remboursé » qui couvre les frais de retour dans leur région d'origine de ceux qui regretteraient leur changement de vie. Cette politique intitulée « Auvergne Nouveau Monde » s'avère efficace car, après plus d'un siècle d'une dure crise démographique, l'Auvergne retrouve le chemin de la croissance pour afficher un bilan migratoire positif : trente-cinq mille nouvelles âmes viennent s'y installer chaque année. Leslie en fait partie. Jeune femme menue aux grands yeux bleus pareils à ceux des deux chats qui courent sur le sol de la boutique, elle ne veut plus quitter Allègre. Sa petite entreprise tourne à plein régime et son carnet de commandes est rempli jusqu'à l'année prochaine. Elle essaie de boucler à temps la fabrication des articles qu'elle proposera sur les marchés de Noël. Leslie est aussi heureuse dans son métier que dans sa vie sociale, qu'elle dit plus riche que dans une grande ville. Elle pose quelques rivets, renforce les coutures de mes sacoches et me les retourne prêtes à affronter une nouvelle tranche de route.

C'est un gîte luxueux qui nous attend ce soir, une grande ferme en pierre qui servait de maison de péage sur la route du pèlerinage à Notre-Dame du Puy-en-Velay. Nous arrivons de nuit, escortés par Dominique Boutrand, un passionné de chevaux que nous avons contacté dans l'espoir de trouver du grain pour nos montures. À pied, muni d'une lampe torche, il vient à notre rencontre et nous guide sur les petits chemins jusqu'à l'étape où il a déposé de l'orge, du foin et de l'eau. Il disparaît en refusant notre argent et nous laisse aux bons soins des propriétaires, la famille Bonnet, qui nous installent dans les appartements de leur imposante bâtisse aux allures de château. Les murs sont recouverts d'armures, d'épées et de tapisseries – un cadre médiéval qui correspond à nos accoutrements de chevaliers.

À travers la cloison qui sépare nos deux chambres, Sibylle partage une dépêche de presse qu'elle lit sur son téléphone. Elle annonce une tuerie sanglante à Paris. J'ai du mal à saisir ce qu'elle raconte. Des tireurs auraient ouvert le feu sur la foule attablée aux terrasses de plusieurs cafés, d'autres se seraient infiltrés dans une salle de concert pour y faire un carnage.

Les morts se compteraient par dizaines. J'appelle ma compagne et mes enfants pour m'assurer qu'ils sont à l'abri. Les attentats, je les ai connus au quotidien en Afghanistan, à l'autre bout du monde, et voilà qu'ils touchent la France. J'ai été en première ligne pendant des années et, ce soir, j'éprouve la sensation étrange de celui qui ne perçoit que l'écho lointain de la bataille en se demandant quels sont les noms de ceux qui sont tombés.

Mon téléphone sonne, ce sont des amis afghans qui ont eu vent des événements et qui s'inquiètent pour ma sécurité. Je les rassure, eux qui connaissent des attaques et des explosions journalières dont la presse ne se fait même plus l'écho. Ces attentats retentissent comme une déclaration de guerre contre la liberté de pensée et de vivre, les réseaux sociaux s'enflamment. J'ai peur de la suite, peur des réactions à chaud, peur de l'arbitrage entre liberté et sécurité que vont proposer les hommes politiques, peur des annonces des va-t-en-guerre qui n'ont jamais pris les armes et des soldats qui s'improvisent faiseurs de paix.

*

Le jour se lève sur un ciel coiffé de nuages comme un voile de deuil. Le décompte des victimes est terminé, les journaux annoncent cent vingt-neuf morts et les premiers détails de la tuerie sont révélés. Les attentats alimentent toutes les discussions. Rien ne sera plus comme avant. La France a perdu son innocence.

Nous nous mettons en route le cœur lourd et arrivons au Puy-en-Velay à l'heure où les ouvriers prennent le chemin des usines et les tenanciers de cafés balaient le pas de leur porte. Les chevaux glissent sur le pavé, nous les menons à la longe dans la rue des Tables qui monte vers la cathédrale et son porche à trois arcs alternant pierres volcaniques claires et sombres. Le père Emmanuel Gobilliard descend les marches pour venir à notre rencontre. La poignée de main est ferme, le regard bon et le sourire chaleureux. À l'instar de Sibylle, je l'appelle spontanément « Père Manu » parce que je me sens à l'aise face à cet homme qui parle sans ambages et dont les gestes sont empreints de simplicité et d'efficacité.

Recteur de la cathédrale, Père Manu est habitué à accueillir des voyageurs – ils sont chaque année plusieurs dizaines de milliers à partir sur les chemins de Saint-Jacques-de-Compostelle depuis Le Puy-en-Velay. Empruntés depuis plus d'un millénaire mais relativement peu fréquentés jusqu'au début des années 1990, les chemins du pèlerinage rencontrent un tel regain de popularité qu'ils sont devenus une institution médiatisée et connaissent de véritables embouteillages. Surnommée la « voie royale », la voie du Puy-en-Velay, ou *via Podiensis*, est la plus célèbre des routes historiques. La plupart des pèlerins poursuivent des motifs religieux ou sont à la recherche de spiritualité. C'est la rupture avec la vie quotidienne, mais aussi les efforts et la souffrance qui leur permettent, au fil des kilomètres, d'avancer intérieurement. Les pieds endoloris, le dépassement et le silence confèrent au pèlerinage une dimension thérapeutique plus efficace que les monologues prononcés sur les divans confortables des psychanalystes.

« On est soi-même sur le chemin, explique Père Manu, les masques tombent et les barrières sociales s'effacent pour mettre chacun à égalité face aux défis de la route. »

Il semble animé par une force de vie autant intérieure que tournée vers les autres. À ses yeux, nous sommes des pèlerins – et nos chevaux aussi. Avec un clin d'œil, il nous demande de le suivre à travers un dédale de ruelles, nous fait passer sous la statue de Notre-Dame-de-France qui veille sur la ville depuis son promontoire, et nous mène de l'autre côté de la cathédrale, sur une terrasse surplombant les toits et la campagne du Velay. Il nous quitte un instant et revient habillé d'une soutane blanche, une bible à la main. Sous le porche de l'édifice, il entame les paroles rituelles :

« Dieu créateur et donateur de tout bien, tu as donné les animaux aux hommes pour subvenir à leurs besoins, les soulager dans leurs travaux et les conduire là où ils doivent aller… »

Bénir signifie littéralement « dire du bien ». La bénédiction des animaux est une tradition ancienne visant à leur accorder la santé afin qu'ils procurent nourriture aux humains ; elle est aussi l'expression de la nécessité de préserver toutes les formes de vie du monde qui nous entoure.

Unik et Lars restent impassibles, comme s'ils s'imprégnaient de la solennité du moment. Je doute qu'ils soient désormais protégés de la maladie et des dangers de la route, mais je ressens moi aussi – pourtant catholique non pratiquant – la beauté et la force des mots de Père Manu. Il dit avec un signe de croix :

« Que le seigneur bénisse aussi les cavaliers et ceux qui les accompagnent… Au nom du Père, du Fils et du Saint-Esprit, amen. »

Avec un large sourire, il conclut :

« Après la bénédiction, le petit déjeuner ! »

Alors que les cloches se mettent à sonner, Père Manu sort du coffre d'une voiture un ballot de foin qu'il offre aux chevaux, puis il disparaît dans la cathédrale pour célébrer l'office.

IV.

L'Ardèche

La montagne enchantée

À mesure que le soleil décline sur la ligne d'horizon, nos ombres s'étirent dans l'herbe des champs comme les spectres de créatures mi-humaines, mi-animales. Quand elles se fondent dans la nuit, nous descendons de selle et marchons à côté de Lars et Unik. Devant nous, la lampe frontale dessine un cercle de lumière défrichant l'obscurité d'un univers brouillé par la brume crachée par les narines et les naseaux. Les cloches de vaches invisibles tintent autour du petit sentier qui monte en serpentant sur le massif du Mézenc. Je sors ma « fiole de joie », une flasque d'eau-de-vie de prune destinée aussi bien aux célébrations, aux instants de méditation qu'aux coups de mou – peu importent les circonstances, lorsque l'envie se fait sentir. Une lampée suffit à réchauffer le cœur et tout le corps jusqu'au bout des doigts.

Une clôture électrique barre le chemin. Lorsque l'on ouvre la barrière d'une draille[1], on ne sait jamais ce que l'on va trouver derrière. Un roulement de tonnerre apporte la réponse : un cheval énorme fonce sur nous au galop dans la lumière blafarde de ma lampe. C'est un comtois de 800 kilos comme nous en avons vu beaucoup dans les prés ces derniers jours, un quadrupède élevé pour sa viande et destiné à la boucherie. Unik s'affole, mais l'animal, un hongre surpris de recevoir de la visite à une heure aussi tardive, est inoffensif. Il nous renifle et nous laisse traverser sans assaut son étroite bande de terre.

Les lumières d'une rangée d'éoliennes trouent la nuit de leur scintillement rouge – ces moulins à vent modernes qui, même dans l'obscurité, marquent l'horizon. Sibylle et moi avançons tête baissée tels deux don Quichotte allant contre la marche du monde, tâtonnant dans le noir pour trouver notre chemin. Nous trouvons refuge chez une famille, recommandée par le Père Manu et installée dans une ferme en cours de rénovation, une haute bâtisse aux murs épais conçue pour résister aux intempéries. Anne-Gaëlle et Vincent Maurin nous reçoivent comme des rois et nous traitent comme des amis. Assis autour d'une longue table de bois, ils nous racontent leur vie au cœur du massif du Mézenc. Ils nous parlent de l'hiver qui, d'habitude,

1. Chemins empruntés pour la transhumance des troupeaux en montagne. Ils correspondent souvent à la trace la plus directe pour monter ou descendre un versant. Encadrés de clôtures, ils ne font souvent que quelques mètres de large. Les éleveurs y font paître leur bétail.

commence dès le mois d'octobre. Du froid polaire, des congères et des mètres de neige. Des chartreux de Bonnefoy qui installaient des familles sur les hauteurs pour peupler ce territoire vierge. Des loups affamés qui, jusqu'au XIXe siècle, dévoraient les enfants. Du brouillard qui blanchit le ciel et la terre, et les fait se confondre en réduisant la visibilité à néant. De la burle qui brûle et qui hurle, blizzard local tourbillonnant qui règne en maître incontesté sur les éléments.

Il nous faut attendre le lendemain pour découvrir au grand jour la géographie de cette terre des confins, sa sobriété, ses sommets posés sur le paysage tels de petits mamelons, ses plateaux pelés clairsemés de minuscules bois de sapins serrés les uns contre les autres pour résister au vent ; ses routes encadrées tous les vingt mètres de hauts piquets rouges indiquant au chasse-neige, lorsque la montagne est recouverte d'une épaisse couche blanche, la trace à déblayer pour permettre aux voitures de circuler dans cette immensité ; le village de Moudeyres, ses maisons aux volets bleus, ses toits de chaume et ses carapaces de lauze ; le lieu-dit Les Infruits, où rien ne pousse ; la commune des Estables, la plus haute du Massif central, à 1 344 mètres…

Je marche à côté d'Unik pour ménager son dos. La croûte de sa blessure est tombée, la plaie est saine mais à vif sous la selle. Ouvrant et refermant les drailles, nous avançons sous un soleil de feu. Nous parvenons entre les sommets jumeaux du mont Mézenc, à cheval sur les départements de la Haute-Loire et de l'Ardèche, à cheval aussi sur la ligne de partage des eaux de l'Atlantique et de la Méditerranée. Dans notre dos, le relief roule en pente douce jusqu'à l'océan, 500 kilomètres plus loin. Face à nous, la pente s'ouvre, abrupte, jusqu'au Rhône et à la mer, 150 kilomètres au sud. Derrière nous l'Auvergne, devant nous les monts d'Ardèche et le monde méditerranéen. La grande bleue, notre ligne d'arrivée, est là, toute proche.

⋆

Nous zigzaguons dans la forêt en suivant des écriteaux artisanaux et des graffitis sur les troncs des sapins. Ils indiquent le GR[1], mais ce sont dcs artifices grossiers destinés à attirer les randonneurs à l'écart du sentier régulier. Ils nous mènent hors du couvert des arbres, nous arrivons au lieu-dit Fonteysse, un hameau constitué de deux maisons, dont l'une est effondrée. En contrebas, le décor vertigineux de l'Ardèche déroule forêts, sucs volcaniques, cratères, dômes et lacs de montagne. Une voiture échouée, prise dans le sol jusqu'au pare-chocs, nous accueille avec, peinte sur son flanc, une inscription en grosses lettres noires : « Gîte d'étape, bison des prairies ». Gill Bison, le propriétaire, s'avance en nous tendant la main. Sa pagaille de longs cheveux blancs et sa barbe de neige le rangent dans la tranche des sexagénaires, mais ses yeux brillent d'une lumière canaille qui a gardé tout l'éclat de la jeunesse. Il porte un chapeau auvergnat fiché d'une plume, un maillot rouge de footballeur, des chaps à franges de cuir *made in Texas* et, à la taille, attaché à une ceinture bariolée, un couteau enveloppé dans un étui de peau de castor. Bison

1. Sentier balisé « grande randonnée ».

est un personnage à la classe inimitable – à l'image de son nom inoubliable. Installé à la croisée des vents à 1 515 mètres d'altitude, il est le plus haut résident du Massif central – et le seul à des kilomètres à la ronde.

N'apercevant pas d'enclos, je demande à Bison où parquer Unik et Lars.

« T'en fais pas, on est au cœur du "triangle de la Burle", ils pourront pas aller bien loin. »

Cette région à la météo capricieuse est une sorte de Triangle des Bermudes de l'Hexagone à cause de la burle qui y souffle de manière imprévisible. Elle détient le triste record national de catastrophes aériennes, avec plus de soixante morts depuis 1945. Elle est le théâtre de phénomènes étranges – certains habitants assurent assister à des vols de navettes spatiales et autres manifestations extraterrestres. La burle aurait aussi la propriété de déboussoler les animaux. Bison est catégorique :

« Vos chevaux ne dépasseront pas le ruisseau de la Jument borgne. »

L'annonce est peu engageante pour des cavaliers soucieux de leurs montures. Bison me sent inquiet.

« OK, me rassure-t-il, je vais demander à Obélix de les surveiller. »

Puis il hurle :

« Obélix ! »

Un molosse blanc à la mine patibulaire arrive en aboyant. Il a les yeux cernés et tombants de Droopy et les dents aiguisées d'un fauve. Le mois dernier, il a tué un veau d'une cinquantaine de kilos qui paissait tranquillement près de sa mère. Depuis, Bison est en mauvais termes avec les paysans des environs. Obélix a sa réputation : il y a un an, il avait déjà dévoré un chien qui se promenait au bout d'une laisse sur le marché du village voisin des Estables… Perplexes mais sans recours, Sibylle et moi dessellons Lars et Unik et déposons notre barda devant la maison, entre un frigidaire à l'abandon, une baignoire trouée et un désordre de bouteilles vides, planches de bois et bonbonnes de gaz. Comme toutes les habitations traditionnelles de la région, celle de Bison est construite autour d'un bachat, un bassin en pierre servant d'abreuvoir et d'unique point d'eau. La pièce principale, sans fenêtres et basse de plafond, est éclairée par une ampoule à la lumière vacillante. Elle ressemble plus à un débarras qu'à un espace de vie. Se frayer un chemin et trouver un endroit où s'asseoir relève de l'exploration archéologique. Recouvert par une couche épaisse de crasse, le sol en terre battue est jonché d'un bric-à-brac de marmites, bidons de plastique, piles de vêtements, journaux… La poussière et les toiles d'araignées s'accumulent sur les murs et dans chaque recoin. La bâtisse n'avait pas été habitée depuis trente ans lorsque Bison s'y est installé. Il semble avoir parfaitement respecté l'esprit des lieux.

Franco-canadien, Bison a un temps été trappeur dans la province du Manitoba et est venu en France en 2002 pour lancer une affaire de viande de bison. Il a surfé sur la vague de la vache folle puis, pour compléter ses revenus, a improvisé un gîte d'étape improbable dans cette thébaïde. Il se définit comme un cow-boy de l'Ouest, avant d'ajouter :

« L'ouest du Rhône ! »

Bison est aussi brasseur de bière. Afin de nous présenter son activité, il prépare un brassin de « Cuvée du Bison », une bière artisanale à l'orge et à l'épeautre. Devant ma caméra, il moud le malt, ajoute de l'eau et place le mélange à chauffer dans un fût d'aluminium posé sur le sol. Il règle la température de l'empâtage, puis nous conduit dehors et remplit trois verres avec une bouteille de sa production. Nous trinquons face au belvédère fantastique où la vue surplombe les forêts de sapins de l'Ardèche et atteint, au loin, la chaîne des Alpes et ses sommets enneigés. Bison chérit la liberté plus que tout et vit comme un ermite avec la burle, son chien, une vieille jument ardennaise et quelques moutons qui vaquent librement sur les hectares de landes perchés de son domaine. Son gîte est relié au monde par un long et tortueux chemin de terre et de cailloux qui reste carrossable à la belle saison, mais qui disparaît l'hiver sous les mètres de neige. Bison et ses rares visiteurs doivent alors effectuer un véritable périple à pied à travers la forêt.

« Lorsqu'il fait mauvais, je peux rester plusieurs semaines sans descendre aux Estables. J'y vais de temps en temps pour le courrier, mais je n'ai pas vraiment de raison de m'y rendre, j'ai tout ce qu'il me faut ici. »

Bison est heureux dans son coin de paradis, mais, depuis quelque temps, il éprouve un besoin de changement. Il songe à vendre sa maison pour reprendre la route et s'inventer ailleurs une nouvelle existence – au cœur de la nature, car il ne s'imagine pas vivre dans un environnement urbain.

Une paire de phares perce l'obscurité. Jean-Philippe, le producteur, et Éric, le pilote de drone, débarquent en voiture pour faire quelques plans aériens et enrichir les images de la série. Cette fois-ci, ils ont décidé de passer la soirée en notre compagnie. Au téléphone, nous leur avons dit que Bison avait aménagé un petit dortoir où nous pourrions nous serrer tous les quatre. Sibylle avait prévenu Jean-Philippe :

« Tu verras, le confort est sommaire. C'est “roots”, comme on dit. »

Jean-Philippe, très propre sur lui avec son foulard en soie et ses mocassins en velours, manque de faire une syncope quand il découvre l'insalubrité du logis et la minuscule chambre cradingue où nous lui proposons de passer la nuit.

« Je crois qu'il faut trouver un autre mot que roots », lâche-t-il avec une grimace.

Il est trop tard pour faire demi-tour, il n'y a pas un hôtel à moins de 50 kilomètres. Jean-Philippe se résout à rester mais il n'ose toucher à rien ni goûter au dîner préparé par Bison – une poêlée du trappeur, faite d'escargots aux champignons, d'ail, de vin blanc, de viande de chèvre et de pommes de terre. Jean-Philippe et Éric ont du mal à cacher leur effarement devant la vaisselle d'une propreté douteuse, le capharnaüm de la pièce et le monstre Obélix qui veille à leurs pieds. Bison s'agite pour servir le repas, soucieux de nous faire plaisir, mais ses efforts ne sont pas unanimement appréciés.

Après le dîner, Jean-Philippe nous prend à partie, Sibylle et moi. Il est remonté car nous sommes en retard sur le calendrier : jusqu'ici, il nous a fallu onze jours de route et de tournage pour réaliser chaque épisode, contre dix prévus au planning.

« Vous passez trop de temps en selle, et pas assez à filmer ! »

Il insiste à nouveau pour mettre à notre disposition un van qui nous conduirait d'étape en étape et dont nous sortirions seulement pour tourner les séquences, comme des acteurs. Nous comprenons ses préoccupations de producteur, elles sont légitimes, mais nous refusons en bloc de revoir les préceptes de notre équipée, qui constituent un contrat moral. Nous faisons de la résistance en arguant que le voyage, les aventures de la route et les paysages font partie intégrante du projet documentaire. Le Massif central est presque derrière nous, le terrain s'annonce plus facile, nous allons avancer plus rapidement. Nous sommes en bonne santé, les chevaux aussi. L'eczéma d'Unik se résorbe, c'est un petit tracas qui ne remet pas en cause la suite du parcours. Je marche à côté d'elle, progressant aussi vite que si j'étais en selle. J'ai changé quelques clous de sa ferrure, plus éprouvée par la route que celle, plus récente, de Lars et désormais les pieds de nos montures peuvent endurer plusieurs centaines de kilomètres… Nous nous obstinons si bien que, le lendemain, Jean-Philippe, qui a passé la plus grande partie de la nuit assis dans sa voiture pour échapper au gîte de Bison, renonce à son idée de van. Nous avons gagné. Éric filme quelques images aériennes, tandis que Sibylle et moi menons Lars et Unik sur la ligne de crête, enveloppés par les nuages qui remontent de l'à-pic, puis nous reprenons la route pour poursuivre le voyage comme nous l'avons commencé, au rythme de nos chevaux.

★

Nous descendons vers le sud de l'Ardèche sur un GR qui louvoie autour de la ligne de partage des eaux. Sibylle filme tandis que je mène Unik à la longe. Lars suit, les rênes attachées à un étrier de sa compagne. Tiré en avant, il est obligé de tenir le rythme, il ne peut pas s'arrêter pour brouter, ni baisser la tête pour attraper à la volée quelques bouchées d'herbe. Une clôture bloque le chemin, je l'ouvre puis la referme derrière nous. Je commence à avoir l'habitude de la manœuvre, effectuée tant de fois ces derniers jours. Le fil métallique étant souvent à nu, le plus pénible est d'accepter les décharges électriques, qui font l'effet de petits coups de fouet. Cette draille ressemble à toutes les autres, mais, alors que nous nous y engageons avec nos chevaux, nous avisons, une centaine de mètres plus loin, trois chevaux comtois, des bêtes de trait massives frémissant de curiosité. Le plus imposant doit peser près d'une tonne, deux fois le poids de ma jument. Lorsque je le vois relever la tête pour humer l'air et galoper vers nous en hennissant, je comprends que c'est un étalon. Lars et Unik l'ont compris aussi, ils paniquent et s'agitent en tous sens. Arrivé à notre hauteur, le reproducteur entame une danse fébrile, ses naseaux oscillant entre l'arrière-train d'Unik et celui de Lars. J'attrape ma cravache et lui en assène un coup sur le museau pour le dissuader de toute tentative cavalière. Il proteste en criant et en bottant, et revient à la charge de plus belle. Nous tentons un repli, mais il nous tourne autour, déboussolé, peinant toujours à identifier la jument. Je dévale la pente en guidant Unik et Lars vers la sortie, mais il nous poursuit, nous double et nous barre la route. Je tente une demi-volte : je m'éloigne avec Lars et Unik, pour attirer l'étalon hors du chemin, puis, quand il a libéré la voie, je reprends la direction de la barrière. Mais le cerbère revient quelques secondes plus tard et je dois recommencer. Je répète la manœuvre, progressant à chaque tour d'une poignée de mètres vers la sortie du piège. L'étalon devient fou, il pousse des hennissements de frustration vers cette jument qu'il ne peut pas approcher, et des rugissements de protestation contre ces deux petits humains gigotant et leur badine cinglante. Je passe la cravache à Sibylle, qui tient toujours la caméra dans une main mais qui a arrêté de filmer. Elle essaie de s'interposer, manie la cravache et écarte les bras. L'étalon se dresse sur ses antérieurs, laboure l'air avec ses sabots énormes puis tourne le dos à Sibylle et fond à nouveau sur ses proies. Quand le monstre se cabre derrière elle, Unik botte pour le repousser. Lars file en avant, une expression de terreur dans les yeux. Je crains pour le dos des chevaux, mais aussi pour le matériel harnaché sur les selles. Nous répétons notre cirque de voltes et demi-voltes, décalant légèrement le centre de rotation à chaque tour pour nous rapprocher de la barrière. Jamais cent mètres ne m'ont paru si longs, ni échappée si peu probable. À chaque assaut, la dérobade se joue de justesse. Enfin, nous parvenons à la clôture. Je l'ouvre et la referme derrière nous avec un hourra de soulagement. Je nous crois tirés d'affaire, mais l'étalon défonce la ligne électrifiée avec son poitrail immense et nous poursuit sur la route goudronnée.

Un étalon en rut perd le sens de la réalité. Il bascule dans la folie, suivant une pulsion incontrôlable, aimanté seulement par les phéromones dont il ne peut contenir l'appel. Le cerbère du GR cavale à nos trousses. Sibylle arrache un des piquets rouges qui encadrent la route et repousse l'étalon pendant que je bats en retraite vers la forêt avec nos deux protégés. Avec cette arme plus menaçante que notre cravache ridicule, elle parvient à faire reculer le monstre sur son bout de draille. Elle rafistole la ligne électrique et la referme, puis reste devant la clôture, défiant l'étalon avec la perche tandis que je m'éloigne avec Unik et Lars. J'entends l'étalon hennir de colère, ses cris nous suivent un moment, puis s'éteignent dans la forêt. Nous sommes tous les quatre sains et saufs. Seule une étrivière a été perdue dans la bataille – un maigre tribut pour notre salut.

Il nous faut à présent trouver un nouvel itinéraire pour éviter cette portion du GR et son gardien redoutable. Nous improvisons un long détour par un chemin entrecoupé d'arbres couchés que nous enjambons ou contournons en écartant des murs de broussailles et d'épines. L'heure tourne, nous prenons du retard sur le programme de la journée. Les chevaux tiennent la tête basse, le moral du groupe est en berne. Sibylle fulmine, elle aurait voulu filmer la scène avec plus de détails, elle me reproche mon empressement à disparaître de la vue de l'étalon. Je ne comprends pas son grief, je réplique que la sécurité l'emporte sur le film, je m'énerve. Des deux côtés, le ton monte, les mots volent comme des pierres lancées au visage. Nous braillons quelques minutes à côté de nos chevaux, laissant exploser une tension accumulée au cours des semaines de route, puis nous replongeons dans le silence et laissons la rancœur se dissoudre dans la marche.

★

Ce matin, devant le lever de soleil, j'éprouve la joie primitive des chasseurs-cueilleurs qui, après une nuit froide et obscure dans les grottes ardéchoises, regardaient avec soulagement la boule de feu émerger du massif alpin, chasser les ténèbres et réchauffer la terre. Je profite longtemps du spectacle, l'astre est déjà haut dans le ciel lorsque nous nous mettons en route. Plus au sud, la montagne ardéchoise se révèle tout à fait avec ses étendues désertiques, ses plateaux immenses qui ressemblent à ceux de l'Asie centrale, ses hautes terres plantées de sucs volcaniques dressés vers le ciel comme les œuvres de puissances surnaturelles. Nous passons sous le mont Gerbier-de-Jonc, le cône de laves figées le plus célèbre du département. À la belle saison, il est pris d'assaut par les touristes, mais aujourd'hui l'endroit est désert. À l'école, nous apprenons que la Loire entame sa course au pied du mont, mais je découvre que la source du fleuve n'existe pas vraiment. Elle en compterait en fait plus d'une dizaine, dont la source « authentique », la source « véritable » et la source « historique », toutes en quête de légitimité pour attirer les vacanciers et leurs devises. Elles convergent dans un pli du terrain avant de rouler vers le nord et l'océan. Si elles étaient apparues quelques centaines de mètres plus loin, de l'autre côté de la ligne de partage des eaux, la Loire aurait rejoint le bassin du Rhône et la Méditerranée.

Les clôtures électriques bardent le paysage, il faut les ouvrir et les remettre en place après notre passage, marchant cravache à la main et priant pour ne pas rencontrer de prédateur. Derrière l'une d'elles, nous apercevons un troupeau de salers. Nous avons été mis en garde contre leur curiosité excessive et leurs cornes pointues. Cachés par un monticule comme des Indiens dressant un plan de bataille, nous observons le chemin qui traverse le troupeau et débouche sur une autre clôture au-delà de laquelle se tiennent une dizaine de chevaux de trait. Face à ces deux groupes ennemis, je propose bonnement de faire demi-tour mais Sibylle me convainc de bifurquer sur le côté en enjambant la clôture du champ mitoyen et de reprendre ensuite notre cap une fois les ruminants et les équidés distanciés. Nous abaissons la clôture avec le pied et sommes en train de contourner les salers lorsque nous comprenons que le champ dans lequel nous progressons est celui où sont enfermés les destriers. Il est trop tard pour reculer, nous avançons en pressant le pas. Les chevaux nous regardent passer avec indifférence, sans émettre un seul hennissement. Il n'y a pas d'étalon dans le lot, seulement des hongres et des juments engourdis par le soleil.

Plus loin, c'est un troupeau d'un autre genre qui se tient sur la route, une femme et une vingtaine d'hommes habillés de pantalons de treillis camouflage et de vestes orange fluorescentes. Fusil sur l'épaule, ils partagent les anecdotes de la partie de chasse qu'ils viennent de terminer. Ils ont tué quatre sangliers et les ont ficelés sur les pare-chocs de leurs 4 × 4. Ils nous posent des questions sur notre voyage et nous parlent du plateau ardéchois, une zone au relief âpre et au climat rude. La montagne reste une terre rugueuse, déshéritée par rapport à la vallée du Rhône qui concentre l'essentiel de la population d'un département ne comptant qu'une douzaine de communes de plus de trois mille habitants. L'exode rural a fait partir sa jeunesse et a inspiré Jean Ferrat :

Ils quittent un à un le pays
Pour s'en aller gagner leur vie
Loin de la terre où ils sont nés
Depuis longtemps ils en rêvaient
De la ville et de ses secrets
Du formica et du ciné...

L'un des chasseurs, un postier retraité aux longues bacchantes, nous lance en rigolant :

« Même les hippies de 68 ont quitté la montagne, ils ont presque tous foutu le camp, la météo leur a fait peur ! Certains n'ont duré qu'une semaine, les autres se sont refroidis avec l'hiver ! »

Si la géographie façonne les mentalités, l'Ardèche a engendré des hommes et des femmes à la personnalité forte. Pourtant, nous ne percevons rien de son climat rude. Alors que le vent souffle en rafales dans le nord de la France et que les nuages couvrent le Centre, l'anticyclone se déplace avec nous et laisse le soleil briller sur les montagnes.

Le département s'échelonne sur plus de 1 000 mètres de dénivelé dans un long escarpement reliant les plateaux du Massif central à la vallée du Rhône. Ici, la distance est une mesure variable car la montagne empêche toute ligne droite. Pour relier deux points écartés seulement d'un jet de pierre, il faut emprunter de petites routes qui dessinent des boucles sans fin. Engouffrés dans le fond d'une vallée étroite recouverte de forêts, nous descendons le coteau en suivant le cours tortueux de la Glueyre. Aux maisons austères aux allures de forteresses succèdent des habitations plus ouvertes coiffées de tuiles provençales. Passés sous la barre des mille mètres, nous arrivons au pays des châtaignes. Les pentes sont aménagées en terrasses sur lesquelles poussent les châtaigniers et vaquent des troupeaux de moutons cherchant leur pitance entre les feuilles mortes. Les bogues cuivrées recouvrent le sol. Des tas de cendre grise sur le goudron indiquent les endroits où les récoltants ont fait brûler les enveloppes piquantes pour en extraire les fruits. Le châtaignier est surnommé « l'arbre à pain », il a longtemps servi de base à l'alimentation des Ardéchois et a marqué l'identité du territoire. Mais, après avoir nourri les hommes pendant plus d'un millénaire, la castanéiculture est tombée en désuétude. La surface des châtaigneraies a été divisée par dix en cent cinquante ans et ne représente plus aujourd'hui que 6 000 hectares. Pourtant, depuis quelques années, la consommation de châtaignes revient en force, si bien que la France doit en importer pour satisfaire ses besoins en confiture, purée, crème, farine, liqueur, sirop, miel… L'homme modifie et pétrit la nature selon les nécessités. Dans quelques dizaines d'années, il aura peut-être redonné à la châtaigneraie toute sa place dans le paysage ardéchois.

À la sortie d'un hameau, un chien blanc minuscule se prend d'affection pour notre groupe. Il sautille, réclame des caresses et se met à marcher devant nous comme s'il savait précisément où nous nous rendons. Je lui somme de faire demi-tour, nous tentons de le semer, mais il tient à nous accompagner. Il trottine la queue relevée, ses petites jambes battant la mesure à toute allure sur le goudron, et se retourne régulièrement pour s'assurer que nous le suivons. Il nous indique le chemin jusqu'au village de Saint-Pierreville, où nous arrivons dans la nuit noire.

⋆

Ardelaine, c'est l'aventure de sept copains un peu rêveurs mais les pieds bien posés sur terre. Dans les années 1970, ils se retrouvent régulièrement en Ardèche et tombent amoureux de sa nature, son histoire, ses hameaux en perdition, ses rivières sur lesquelles des moulins à laine fabriquaient autrefois des étoffes qui étaient exportées jusqu'aux échelles du Levant… Désespérés de constater que cet héritage appartient au passé et que les éleveurs de moutons ardéchois jettent désormais leur laine parce qu'ils ne trouvent plus d'acheteurs, ils décident de lancer un projet de revivification de la filière. Dans la région, on les prend pour des fous car la laine est un produit dévalorisé affichant des cours de vente si bas qu'ils couvrent à peine les salaires des tondeurs. Pourtant, les amis s'accrochent. Ils avancent doucement, avec la force tranquille de ceux qui ont des rêves suffisamment grands pour ne pas les perdre du regard. Ils manquent d'argent et de moyens, mais ils ont du temps et de la patience. Leur plan met dix ans à mûrir. Dans le village de Saint-Pierreville, ils rachètent la dernière filature d'Ardèche, à l'abandon, et, pas à pas, ils mettent en commun leurs compétences diverses pour réhabiliter les bâtiments. L'un est architecte et dessine des plans, l'autre est compagnon du devoir et redonne vie aux voûtes de pierre, le mécanicien remet en service d'antiques machines à carder, l'agriculteur enquête auprès des éleveurs, l'institutrice et l'orthophoniste sondent les débouchés, la gestionnaire dresse des tableaux financiers… Ils apprennent les métiers de la tonte, du cardage, du filage et de la confection, puis, au début des années 1980, ils lancent Ardelaine. Aujourd'hui, plus de quarante ans après le début de l'aventure, leur entreprise est devenue une utopie concrète qui emploie une cinquantaine de personnes et collecte les laines de deux cent cinquante éleveurs pour fabriquer vêtements, couettes et matelas.

« On nous traitait de babas cool et de doux rêveurs… Nous rêvions fort, mais nous avions aussi la volonté d'agir. Nous avons avancé avec pragmatisme et bon sens, nous n'étions pas formatés par le "prêt-à-penser" de l'entreprise », raconte Béatrice Barras, une des cofondatrices – l'orthophoniste –, élue directrice par les salariés.

Alors que la plupart d'entre nous, une fois arrivés à l'âge adulte, remisons au statut de chimère nos ambitions de jeunesse, les fondateurs d'Ardelaine ont su partager leurs idéaux pour les inscrire dans la durée. Tandis qu'elle nous fait visiter les locaux, un grand hameau construit à cheval sur la rivière et aménagé en ateliers, en entrepôts et en bureaux, Béatrice explique pourquoi Ardelaine est organisée sous forme de SCOP[1].

« Chacun, qu'il soit cardeur, comptable ou couturier, a voix au chapitre. L'entreprise appartient à tous, l'humain est au cœur de notre démarche. Cette organisation est une des clés de notre réussite car chacun se sent investi et motivé. »

La SCOP est avant tout une aventure sociale qui mise sur l'intelligence collective. Ardelaine s'apparente à une démocratie populaire dans laquelle les salariés sont à la fois associés majoritaires au capital de l'entreprise et employés. Gage de qualité, la société est désormais reconnue par l'État comme une « entreprise du patrimoine vivant » – un label distinguant les savoir-faire artisanaux et industriels d'excellence. Ardelaine redonne foi en l'homme en prouvant qu'il est possible de rompre avec le modèle dominant pour faire les choses autrement, loin de l'obsession pour le chiffre d'affaires et la productivité.

Béatrice a les cheveux argentés. Un masque de rides légères exprime sur son visage la force et la sérénité qui l'habitent à l'intérieur. Elle raconte les défis de lancer une entreprise de confection à une époque où le secteur textile est frappé de délocalisation vers des pays aux coûts de production plus faibles. Ici, la fabrication est artisanale et les coûts sont élevés, mais Ardelaine optimise les marges en se positionnant sur l'ensemble de la filière de la laine, de la toison du mouton à la

---

1. Société coopérative et participative dans laquelle les salariés élisent les dirigeants et reçoivent au minimum 25 % des bénéfices dégagés.

commercialisation des produits finis, et en écoulant sa production en vente directe, sans intermédiaires – par Internet, dans les foires et les salons, mais aussi en faisant venir à elle les clients. Vingt mille curieux visitent chaque année le musée installé dans le moulin de la filature. Ils y découvrent l'histoire des métiers de la laine, puis font un tour par la boutique pour acheter un pull, une écharpe ou un oreiller. Béatrice ne tarit pas d'éloges sur la laine et ses propriétés isolantes, la qualité incomparable des matelas et la tranquillité du sommeil qu'ils procurent, les couettes qui régulent la température, la gamme de vêtements adaptés à toutes les saisons… Les acheteurs sont satisfaits et l'entreprise prospère.

Une partie des bénéfices de la SCOP est affectée à la construction de locaux et au développement de nouvelles activités. Depuis quelques années, un bâtiment moderne accueille un restaurant, un café, une librairie, ainsi qu'une conserverie louée à différents utilisateurs – particuliers, agriculteurs et restaurateurs venant mettre en bocaux leurs produits agricoles. La conserverie sert aussi de quartier général à l'association Le Bateleur, une structure née dans le sillage d'Ardelaine, qui œuvre avec le même esprit coopératif en organisant des ateliers culturels et des chantiers paysans. Ses membres travaillent avec un réseau de producteurs locaux pour fabriquer et commercialiser des conserves : coulis de tomates, ratatouille, caviar d'aubergine, confit de poivrons, purée de piments, pâté aux figues, confiture de framboises… À l'image de la carte du tarot qui symbolise la réussite, l'initiative et la jeunesse, Le Bateleur est l'artiste de la famille. Son slogan « Des idées dans l'bocal » parle de lui-même. Tout en remplissant de poires une gigantesque marmite autoclave pour fabriquer de la compote, Marion, la fille de Béatrice, qui a hérité de la vitalité de sa mère, expose la philosophie militante de la jeune association :

« L'Ardèche est un désert de travail, pourtant on dispose de beaucoup de ressources agricoles. On pourrait créer des milliers d'emplois si seulement on se posait les questions des circuits courts et de la valorisation des marchandises ! Nous voulons montrer qu'il faut modifier nos habitudes de consommation et que chacun peut changer la donne en achetant local. »

J'ai envie de croire que le changement est déjà lancé, amorcé par Ardelaine et entretenu par Le Bateleur, leurs employés et les habitants de Saint-Pierreville et des environs. Ils ont fait le plus dur en montrant l'exemple. Il est permis d'espérer que d'autres suivront bientôt, confortés par la preuve qu'il est possible de faire vivre un territoire délaissé par l'histoire, une région qui ne répond pas aux critères de compétitivité et de performance loués par le capitalisme sauvage. Saint-Pierreville a changé de visage depuis que la bande de sept amis a investi les lieux en pleine période de désertification rurale. Ce village perdu, à une heure de voiture de la première ville, est à l'avant-garde du changement social. Alors que sa population a été divisée par quatre entre 1900 et 1980, il voit désormais croître le nombre de ses habitants grâce à l'arrivée de jeunes motivés par une possibilité d'emploi et le partage de valeurs communautaires saines et bienfaisantes – Ardéchois de souche, bobos bio en quête de changement, babas cool suivant l'exemple du retour à la terre de leurs aînés soixante-huitards, ou néoruraux engagés contre la société de consommation. Dans ce coin de France, la diagonale du vide se remplit de bonheur et de bon sens. Saint-Pierreville compte un bureau de poste, un café, une boulangerie, des restaurants, des commerces, une maison de retraite, une crèche… et il y fait bon vivre.

⋆

Une ampoule faiblarde éclaire un hangar de fortune dressé au bord de la route. Sur la terre battue, au milieu de la pièce, derrière un halo de vapeur, se dessinent des pistons, des cuves, des tuyaux, des robinets, des thermomètres, puis, quand les yeux s'habituent à l'obscurité, une machine montée sur roues apparaît telle une locomotive qui aurait traversé les âges. Un homme habillé d'un bleu de travail et d'un béret s'active autour de cet être de ferraille. Un autre, assis à une table, inscrit des chiffres sur un registre tandis qu'un groupe de paysans repart avec un jerrycan. Une odeur sucrée et entêtante flotte dans l'air. Nous sommes chez des bouilleurs ambulants. Ils ont passé la journée dans les effluves d'alcool pour transformer en eau-de-vie les fruits fermentés apportés par les producteurs de la région. À l'image de leur alambic qui date de 1929, les deux hommes entretiennent avec passion un patrimoine rural en voie de disparition – en Ardèche, ils ne sont plus qu'une poignée à représenter cette confrérie éthylico-romantique. Chaque automne, les deux compères relancent leur machine pour perpétuer le rituel de la distillation. Tels des alchimistes, ils alimentent le réservoir en mazout, ajustent robinets et pistons, et surveillent les thermomètres jusqu'à ce que l'alcool libéré par les fruits soit changé en eau-de-vie, un liquide cristallin considéré comme une panacée.

Olivier Dujardin est venu chercher le distillat du moût de raisin qu'il a déposé ce matin. Pour 100 litres de moût, il récupère 11 litres de gnôle. Il est un peu déçu par la quantité, mais satisfait par l'arôme de son eau-de-vie dont nous partageons un verre. Le goût du raisin est puissant et le taux d'alcool guérit aussi efficacement qu'un antiseptique. Olivier s'acquitte des droits de douane imposés sur le commerce de spiritueux, puis Sibylle et moi le suivons dans sa voiture pour repartir vers sa ferme et retrouver nos chevaux. Le jeune homme aime tout ce qui touche aux fruits, mais sa spécialité, c'est l'apiculture. Il possède un rucher et un gîte dans le village de Dunière-sur-Eyrieux où il habite avec sa compagne et leurs trois enfants. Depuis son petit domaine, qu'il a nommé Apiferme, la vue porte sur la vallée du Rhône, les sommets du Vercors et le massif calcaire des Trois Becs. Olivier nous présente son rucher installé au centre d'un champ de phacélies mauves en fleur. Il nous demande de rester silencieux car les habitantes de ses cent quarante ruches se préparent à hiberner et il tient à leur ménager une tranquillité absolue.

« 10 % de mes abeilles ont été empoisonnées l'année dernière, chuchote-t-il, intoxiquées par les pesticides des champs et les produits antiparasitaires utilisés dans l'élevage. J'étais plutôt soulagé. Une année, elles sont 70 % à avoir disparu. »

Les abeilles sont relativement épargnées en Ardèche car l'utilisation de substances phytosanitaires y est plus faible que dans les autres régions françaises, mais à l'échelle nationale ce sont trois cent mille colonies qui périssent chaque année, soit plus de 30 % de la population totale. La situation est alarmante car l'abeille est une sentinelle de la biodiversité qui perpétue la vie en assurant la fécondation de l'essentiel de notre environnement végétal.

« L'abeille rend un service vital à la nature – et donc à l'homme, commente Olivier. Certains arbres, comme le pommier et le cerisier, ainsi que des plantes comme l'oignon ou le melon dépendent entièrement d'elle pour leur pollinisation. »

Chaque printemps, dans les vergers du Sichuan chinois, où une trop forte utilisation d'insecticides a entraîné la disparition des abeilles, les paysans jouent les acrobates sur les branches des arbres, une tige de bambou à la main, pour féconder les fleurs une à une. Cette parade se révèle terriblement moins efficace que le travail des abeilles et ne constitue pas un remède pérenne à leur disparition. En Europe, les défenseurs des abeilles tentent de résister en exigeant du gouvernement des plans de protection, mais ils font face aux lobbies puissants et organisés des fabricants d'engrais et de substances phytosanitaires qui disposent de fortunes pour corrompre les technocrates et publier des contre-études scientifiques trompeuses. À chaque mesure politique timide destinée à préserver les abeilles, les firmes agrochimiques répondent en développant de nouveaux produits qui prennent le relais de ceux interdits – des produits toujours plus dangereux, comme les néonicotinoïdes, responsables de l'accélération du déclin des insectes au cours des deux dernières décennies. Cette classe d'insecticides neurotoxiques à spectre large, les plus efficaces jamais synthétisés, tue sans distinction tous les arthropodes – un groupe vivant qui représente 80 % des espèces animales de la planète. Ils agissent de manière systémique, c'est-à-dire qu'ils sont transportés par la sève de la plante au fur et à mesure de sa croissance et se retrouvent dans le pollen et le nectar. Ils s'infiltrent aussi dans les sols et y persistent plusieurs années, polluant les parcelles et les cours d'eau... Les députés français ont récemment voté l'interdiction des néonicotinoïdes mais les industries agrochimiques ont déjà soumis des demandes de dérogation. En attendant le résultat de ces démarches, elles préparent l'arrivée sur le marché de nouveaux pesticides tueurs d'abeilles pour lesquels elles ont obtenu des autorisations, comme le sulfoxaflor et le flupyradifurone, des produits aussi toxiques que le score que rapportent leurs noms au Scrabble.

Assis à la table de la cuisine d'Olivier, je confectionne des bougies avec la cire de ses abeilles. J'applique ses consignes pour enrouler des feuilles de substance gaufrée autour d'une mèche. Une carte du monde est accrochée sur un mur. Sur le rebord de la fenêtre, un chat se prélasse au soleil. Olivier est un enfant de hippies venus s'installer en Ardèche avant sa naissance. Nous avons le même âge, nous partageons les mêmes révoltes et les mêmes idéaux, mais nos vies suivent des chemins différents. Alors que j'ai besoin de l'agitation du monde, il aspire à la tranquillité et à l'autarcie. Alors que je prends l'avion régulièrement et presque sans scrupules, Olivier s'efforce de réduire son empreinte carbone. Il suit une éthique de la décroissance heureuse, faisant des choix pleins d'humilité pour inventer une existence simple et saine menée au rythme des saisons et à laquelle il ne manque rien.

« Je voulais vivre à la campagne et la faire vivre en partageant mon travail et mes valeurs. Je ne suis pas militant, mais engagé. »

Olivier produit du miel ainsi que du nougat, du pain d'épice et du vinaigre. Il vend ses produits par des circuits courts ou les échange contre d'autres marchandises auprès de ses voisins, des paysans convaincus comme lui de l'urgence de respecter cette terre qui héberge l'humanité depuis quatre-vingt mille ans et que l'on a réussi à saccager en seulement quelques décennies. Les convictions d'Olivier se traduisent par l'adoption du cahier des charges de Nature & Progrès, une association de producteurs et de consommateurs dont la charte est plus exigeante que celle des autres labels d'agriculture biologique : interdiction des substances phytosanitaires, traçabilité totale des produits, limite de la taille des exploitations afin d'éviter une dérive vers une production industrielle, restriction des risques de pollution des usines et des champs avoisinants… Pour chaque activité agricole, Nature & Progrès établit des règles qui ressemblent à autant de professions de foi en faveur de l'environnement et de l'homme. Dans l'apiculture par exemple, le label interdit l'achat d'essaims, l'insémination artificielle des reines, ou encore la présence d'OGM dans un rayon de 12 kilomètres autour du rucher. Comme le stipule le site Internet de l'association : « À Nature & Progrès, les paysans n'exploitent pas la terre, ils la cultivent ! »

★

La température a chuté de dix degrés pendant la nuit. Unik, qui sentait la dépression se profiler avec plus de précision qu'un baromètre, a fait son poil d'hiver, un pelage épais et duveteux. Il est temps de fuir. Tel un avertissement, une pluie glacée s'abat sur nous tandis que nous harnachons les chevaux, puis les nuages se taisent dès que nous prenons la route. Nous nous engouffrons dans la vallée de l'Eyrieux, avançant sans relâche et sans céder aux appels des vallons qui s'ouvrent de chaque côté du chemin. Derrière nous la tempête gronde, accrochée à la montagne, et, au-dessus de nos têtes, le ciel noir menace mais nous épargne. Sur le sillon bleu de la rivière se dessinent des terrasses, des vignes et des vergers. Les châtaigniers ont disparu, remplacés par les pins maritimes et les chênes verts du monde méditerranéen. Je marche toute la journée à côté de ma jument jusqu'à La Voulte-sur-Rhône et le lendemain nous traversons le fleuve.

V.

La Drôme

Laboratoire à ciel ouvert

Quarante-huitième jour sur la route. La plaine du Rhône est un lacis dense d'habitations et de routes encadrées par de hauts platanes, nous la quittons comme on s'échappe d'un couloir surpeuplé et bruyant. Nous lui préférons la vallée tranquille de la Drôme, dont le relief offre un refuge entre des montagnes et des collines recouvertes de bois, de champs et de vignes. Ce sera notre dernier crochet avant de piquer plein sud vers la Méditerranée : ce département a la réputation d'être un eldorado alternatif, un lieu d'expérimentation pour les forces créatives.

Nous cheminons sur des sentiers paisibles, longeant l'une des dernières rivières d'Europe à s'écouler librement, sans rencontrer aucun barrage. Après Crest, à la fois belle et austère avec ses toits de tuiles et son donjon prison, les rives se resserrent et nous enveloppent dans leur creux. Cap à l'est, nous sinuons entre le fil de l'eau et des maisons aux volets rouge et bleu qui racontent une vie plus douce qu'ailleurs. L'été semblait s'éterniser mais il n'est désormais plus qu'un souvenir. Le soleil est en grève et il souffle un vent froid qui engourdit les doigts et ravit les chevaux. Nous voyons les orages se déchaîner tous azimuts mais ils nous épargnent et dégagent une trouée dans les nuages laissant entrevoir le Vercors couvert de neige. Le soleil capitule à 17 heures, relevé par la nuit qui parvient à libérer le ciel et y accroche une lune presque pleine en guise de trophée. Nous allumons nos lampes frontales, enfilons les gilets de sécurité réfléchissants apportés par Jean-Philippe lors de son passage en Ardèche, et abandonnons les chemins de traverse pour piquer tout droit par la départementale. Malgré nos précautions, les chauffeurs nous aperçoivent au dernier moment et donnent des coups de volant pour nous esquiver. Nous marchons deux heures dans la pénombre sans qu'Unik et Lars montrent un signe de fatigue. Arrivés à Saillans, porte d'entrée des Préalpes drômoises, nous errons un moment à travers champs, guidés au téléphone comme dans un jeu de piste nocturne, jusqu'à un pré où nous installons nos compagnons. Puis nous rejoignons à pied le centre du bourg.

★

Le soleil chasse la brume et fait fondre le givre qui recouvre les crinières de Lars et d'Unik. Au-dessus du village, la lumière dessine des dentelles roses sur la neige des sommets des Trois Becs. Une mère de famille, les yeux ensommeillés, sort de la boulangerie ; le bruit de ses pas s'éteint dans les ruelles désertes.

La fontaine de la Grande Rue est au repos et la petite école publique qui jouxte la mairie n'est pas encore ouverte. Saillans est en apparence un village comme les autres, figé dans le temps avec son église romane, ses façades de pierre et ses portes de bois clouté, mais cette petite commune campée sur les pentes du Vercors a une particularité : elle est la première en France à expérimenter la démocratie participative. En 2014, ses mille cent quatre-vingt-dix-neuf habitants ont élu à la mairie une liste proposant une forme de gouvernance collégiale et, depuis cette prise de pouvoir aux allures de révolution, ils administrent collectivement leur territoire.

« Tout a commencé par une mobilisation contre la construction d'un supermarché que le maire précédent avait autorisée sans consulter les habitants », expliquent Isabelle Raffner et Christine Seux, qui, dès les premières heures du jour, siègent au premier étage de la mairie, assises côte à côte dans un bureau dont la porte est coiffée de l'inscription « Cabinet de M. le Maire ».

« Une équipe d'habitants s'est formée pour résister et sauver les petits commerces du centre. Il y a eu des manifestations, des rassemblements, des pétitions… et finalement le projet de supermarché a été abandonné. »

Cette victoire a agi comme un déclencheur, un vent d'émancipation s'est mis à souffler sur Saillans. Quelques habitants se sont réunis pour faire part de leur lassitude des pratiques de la politique qui ne permettent aux administrés de s'exprimer qu'une fois tous les six ans, au moment du scrutin, pour ensuite être écartés des décisions prises par une personne concentrant tous les pouvoirs. D'autres villageois ont rallié le groupe.

Ensemble, ils ont décidé de présenter aux élections municipales une liste commune d'une quinzaine de conseillers sans étiquette politique et sans programme, mais avec le projet ambitieux de redonner à la démocratie sa fonction première, c'est-à-dire de mettre le pouvoir entre les mains du peuple. Ils ont été élus dès le premier tour.

« Il existe bien un maire sur le papier, nous avons écrit un nom parce qu'il en fallait un pour les documents officiels, mais en réalité toutes les décisions sont prises par l'assemblée des citoyens. Nous sommes tous maires ! » commente Isabelle en affichant un large sourire.

« Nous sommes partis du principe que les habitants de Saillans sont des experts de leur territoire, les plus à même d'exprimer leurs besoins et leurs difficultés, mais aussi de trouver des solutions pour y remédier. Nous faisons confiance à l'intelligence collective », ajoute Christine.

Les indemnités de fonction dévolues au maire et à son adjoint sont réparties entre tous les élus de Saillans et représentent des sommes symboliques qui rappellent que la politique n'est pas une profession. La gouvernance de Saillans s'inspire des méthodes de l'éducation populaire qui place les habitants au centre du processus démocratique. La liste collégiale est composée de binômes chargés de sept commissions – environnement et énergie, santé et action sociale, économie et production locale… Deux fois par mois, les élus animent un comité de pilotage ouvert au public durant lequel chaque habitant a la possibilité de s'exprimer sur les affaires de la commune. En plus de ces rendez-vous réguliers, des réunions thématiques sont organisées en fonction des besoins, comme celle que préparent aujourd'hui Isabelle et Christine, responsables de la commission « Enfance et jeunesse ». Elles réunissent des informations et préparent des comptes rendus afin de permettre à chacun de se prononcer sur les travaux de réfection de l'école primaire du village. Les deux femmes, novices en politique, ne se connaissaient pas avant l'arrivée au pouvoir de la liste collégiale, mais elles ont appris à travailler de concert pour rédiger des courriers, répondre aux questions et représenter au mieux les intérêts de la commune. Le mode de fonctionnement démocratique inventé lors des réunions publiques inclut aussi un « Conseil des sages », constitué par neuf habitants nommés ou tirés au sort pour veiller au respect de la politique participative et être les ambassadeurs de Saillans lors de déplacements à travers l'Hexagone. Car l'expérience pionnière du village drômois a vocation à être partagée pour inciter les habitants d'autres communes à prendre eux aussi le pouvoir.

La lanière du sac de ma caméra a lâché hier sur la route, Isabelle me donne le contact d'un habitant en m'assurant qu'il possède le matériel nécessaire pour la réparer. Je retrouve Thomas Cusinberche quelques minutes plus tard près de la fontaine de la Grande Rue. Il a le même âge et la même stature que moi, et porte une barbe et un pakol. Moi, j'ai rasé ma barbe ce matin après plus d'un mois de grève du rasoir et, pour une fois, j'ai remisé mon pakol au fond de mes sacoches. Étrange jeu de miroirs. Thomas réside à Saillans depuis quelques années, il fabrique des toiles de tente et gère une association, « Les Toiles du Berger », dont le but est la promotion d'un habitat mobile et léger. Il nous amène dans son atelier, installé dans le grenier de la maison d'un vieux monsieur qui cherchait à échanger un espace vide contre un peu de compagnie. Refusant l'argent que je lui tends, Thomas répare mon sac avec une pièce de toile solide. La solidarité semble être si bien inscrite dans les gènes de Saillans qu'elle est devenue le mot d'ordre de ses habitants.

À la nuit tombée, Sibylle et moi nous rendons à L'Oignon, un bar situé dans le centre du bourg. Il s'y joue un concert réunissant une guitare, une contrebasse et un violon. Nous essayons de nous approcher discrètement, mais la minette[1] de notre caméra éblouit la salle depuis la rue, dérangeant les musiciens et irritant les habitants du village, dont la tolérance a déjà été éprouvée par le passage de trop nombreux journalistes depuis l'arrivée au pouvoir de la « collégiale ». Nous nous frayons un chemin à l'intérieur, bousculant quelques épaules et massacrant quelques pieds pour trouver deux places devant la scène. À peine nous sommes-nous assis que le concert se termine. Tandis que le public se rassemble autour du bar et qu'est lancée la projection d'un documentaire dans la pièce d'à côté, je vais payer ma cotisation de 5 euros pour faire bonne figure – il faut être adhérent pour entrer ici, et *a fortiori* pour consommer. Les villageois autour de nous sont des adhérents et non des clients ; nous ne sommes pas dans un bar, mais dans le local d'une association

1. Source d'éclairage d'appoint fixée sur la caméra pour filmer en basse lumière.

qui sert aussi bien d'espace de réunion que de lieu d'exposition, de salle de cours de musique que de point de vente pour les producteurs maraîchers nouvellement installés – toute activité qui contribue à créer du lien entre les habitants. Des affiches militantes placardées sur les murs protestent contre les épandages aériens et appellent à une manifestation avec le slogan « L'Oignon fait la force ». Des miches de pain sont alignées sur une table contre le mur en attendant d'être vendues par le boulanger du quartier. Des enfants se poursuivent en se faufilant entre les jambes des adultes, occupés à débattre d'écologie, de médecine parallèle, d'enseignement alternatif, de la prochaine commission participative de la mairie consacrée à l'éducation… Caméras en bandoulière, armés de deux verres de clairette de Die, Sibylle et moi entamons la discussion avec nos voisins. Quelques-uns ont entendu parler de notre équipée, d'autres nous ont aperçus sur la route de Saillans, marchant dans le noir à côté de nos chevaux. L'anonymat nous est interdit, nous ne passons pas inaperçus avec nos caméras, nos montures et nos accoutrements de cuir. La rumeur alimente les potins des brasseries, trouve écho sur les places de marché et nous devance, colportée d'un bout à l'autre de la vallée par les chauffeurs.

Grégory Barral, quadragénaire au visage encadré par une barbe noire et un bonnet de laine claire, n'aime pas se présenter comme le maître du lieu. Pourtant, L'Oignon appartient à son grand-père et a été inauguré dans les années 1920 par son arrière-arrière-grand-père qui y avait ouvert L'Union, un cercle républicain où les adhérents se retrouvaient pour discuter librement de leurs idées.

« Il y avait vingt-trois bars de la sorte à Saillans à cette époque, explique-t-il. C'étaient des espaces de débat, de rencontre, de partage et de fête qui rassemblaient les uns et les autres à une époque où la république était encore un enjeu politique. Les anciens y défendaient des concepts comme la laïcité, la séparation de l'Église et de l'État, la démocratisation des institutions politiques… »

L'Oignon reprend le flambeau de L'Union pour entretenir la tradition du débat républicain, pourtant Grégory n'est pas encore parvenu à réunir les Saillansons de souche et les néoruraux. Ce soir, il est le seul originaire du village dans la pièce ; les autres sont tous des « néo », des couples avec enfants venus d'ailleurs pour s'inventer une vie saine sur les contreforts du Vercors. Forte de sa réputation, la commune attire de nombreux curieux qui viennent voir à l'œuvre cette étrange démocratie participative et qui, convaincus par son fonctionnement, s'y installent durablement avec familles et bagages.

Nous prolongeons la soirée dans un restaurant de la Grande Rue où le patron, à la fois gérant et cuisinier, nous sert un gratin de ravioles aux morilles et un vin de Syrah au parfum de fruits rouges. Il ferme la porte à clé, tire les rideaux et se joint à notre table. Nous dissertons de l'usure du monde, de la terre qui se réchauffe, de la guerre mondiale entre Coca-Cola et le croissant musulman, de l'espoir apporté par le fourmillement d'initiatives locales et l'émergence de communautés raisonnables et autarciques… On se sent bien à Saillans, porté par l'optimisme communicatif de ce village qui prend sa destinée en main. Tout semble possible, il est permis de rêver. Nous défaisons et refaisons le monde, parlant tard dans la nuit, puis nous allons nous coucher, soûls et heureux, hébergés dans une maison du bourg prêtée par ses propriétaires absents.

★

Nous quittons la vallée de la Drôme pour aller vers le sud-est, montant droit dans les montagnes sur des sentiers de muletiers empruntés autrefois par les colporteurs en vadrouille et les huguenots en fuite. Proéminence labyrinthique compartimentée en petites vallées creusées dans le calcaire, le Diois assure une transition entre le Vercors et la Provence. Nous avançons sur une ligne de crête, tête baissée sous une pluie froide et drue. Nous sommes enveloppés dans une ouate de brume, notre monde se réduit à quelques mètres. Nous optons pour un chemin qui offre la protection d'une forêt de pins sylvestres, mais il s'évanouit rapidement entre les arbres. Plutôt que de revenir sur nos pas, nous décidons de persévérer pour rejoindre une piste indiquée par le GPS, cependant la forêt s'épaissit et les sacoches des chevaux raclent les arbres. Quand Lars ou Unik se trouvent coincés entre deux pins, il faut les libérer en cassant des branches et en pliant les troncs avec tout notre poids. Ma jument met ses pas dans les miens, je sens son souffle chaud dans mon cou alors que je grimpe la pente en transpirant, tournillant à gauche et à droite pour éviter les pièges, effectuant de multiples détours et tentant de garder le cap. Une heure durant, nous progressons mètre par mètre jusqu'à déboucher au pied d'une barre rocheuse infranchissable. Il faut se résoudre à rebrousser chemin et descendre la pente par le même itinéraire impossible pour s'extraire des griffes de la forêt et regagner la piste principale.

Nous déjeunons à la faveur d'une accalmie, Sibylle et moi avalant un bout de fromage sur une tranche de pain pendant que Lars et Unik vident leurs musettes de grain. Passé le col du Perrier, nous entamons une longue descente dans une forêt de pins noirs d'Autriche. Cette essence réputée pour son enracinement puissant a été plantée au début du XXe siècle afin de stabiliser les sols et a peu à peu remplacé les autres variétés sur cette partie du territoire. Le pin colonisateur s'est à son tour fait coloniser par une espèce de chenille processionnaire qui a tissé des cocons de laine blanche au sommet de chaque arbre et des guirlandes au bout de leurs branches. Le spectacle de cette mer de pins enturbannés ressemble à un décor de fête argenté, mais c'est en réalité un cancer qui ronge le corps malade de la forêt. La chenille processionnaire est la larve d'un papillon qui, en se nourrissant du limbe des aiguilles de pin, provoque la défoliation des arbres. Avec ses poils urticants, elle entraîne aussi des allergies dangereuses chez l'homme et l'animal. Actuellement en phase de nidification, les insectes sortiront au printemps, cheminant en file indienne derrière leurs congénères pour aller pondre dans la terre et asseoir leur emprise sur une portion toujours plus grande de la forêt.

Nous atteignons Saint-Benoit-en-Diois, un bourg minuscule bâti sur une arête étroite au-dessus de la rivière. Les maisons sont blotties les unes contre les autres autour de la rue unique que nous traversons sans rencontrer âme qui vive. Seule la cloche de la chapelle qui sonne un coup indique que nous ne sommes pas seuls au monde. Nous attaquons un coteau raide qui monte à l'assaut d'un vignoble et se poursuit en serpentant entre les pins noirs. La pluie reprend, se change bientôt en neige, et le brouillard se lève comme une purée de pois épaisse dans laquelle nous avançons à l'aveuglette. L'hiver resserre sur nous son étau glacé. Des strates de sédiments malmenées par le jeu des plissements de l'écorce terrestre affleurent sous mes pieds, des pics rocheux surgissent de la brume au-dessus de ma tête. Je suis en pays lointain, voguant à l'estime dans une ambiance feutrée. Imprimée sur la neige qui recouvre le sol, je crois reconnaître la trace d'un loup avec son pas long, ses coussinets ovales et ses grandes griffes.

La nuit tombe. À tâtons dans le noir, nous rejoignons une route départementale. Encadrés par deux suaires de gaze blanche, nous avançons sur le ruban de bitume jusqu'au col de Pennes. Un vent de tempête se lève. Le GPS signale encore deux heures de trajet, mais il nous semble distinguer à travers la forêt une piste offrant un raccourci. Cinglés par la neige, nous nous échinons sur un sentier escarpé pour contourner ou enjamber des arbres couchés au sol. Les chevaux glissent, crispés par l'obscurité. Dans un passage plus délicat que les autres, Unik dérape sur plusieurs mètres, heurte un arbre et manque de se perforer le flanc sur une branche saillante. Nous nous résignons à faire demi-tour pour rejoindre le col et la départementale, puis nous suivons la route indiquée par le GPS qui descend en lacets vers Barnave. Nous arrivons en pleine nuit chez Vincent et Annick Ducomet, au lieu-dit Serre de Cort. Mes jambes sont fatiguées mais je suis enchanté par cette échappée sauvage, ivre de neige et de vent, grisé par la vigueur contagieuse des éléments.

★

« À gauche, à gauche ! Pousse ! À droite… voilà. »

Vincent Ducomet a une cinquantaine d'années, un regard d'enfant et une chevelure folle que ne peut contenir le bonnet qu'il porte vissé sur la tête. Les mains en porte-voix, il ordonne à son border collie de rassembler le troupeau. Le chien cavale ventre à terre, exécutant les commandes de son maître pour effectuer de longues boucles autour des moutons, les encercler et les conduire dans la direction demandée. Éleveur et berger, Vincent possède deux cents brebis de race bizet. Ces bêtes à la robe crème et à la tête noire fendue d'une bande blanche ont une apparence chétive, mais sont en réalité rustiques et résistantes. Elles trottent sur 200 hectares de montagne pour se nourrir d'herbes pauvres, trouvant leur subsistance là où les bovins seraient incapables de survivre, et restant à l'air libre toute l'année malgré un climat fait d'hivers glacés et d'étés torrides.

Ce matin, Vincent reçoit la visite d'Alain Boutonnet, son vétérinaire attitré depuis plus de trente ans. Les deux hommes partagent une complicité nouée autour d'un amour commun pour les animaux. Ils échangent quelques nouvelles en bordure du pré tandis que le chien court autour du troupeau. Alain n'est pas un spécialiste de médecine animale ordinaire, mais l'un des précurseurs de l'application aux bêtes des méthodes homéopathiques.

« La plupart des gens, explique-t-il, pensent que l'homéopathie est superficielle, indiquée uniquement pour les petits bobos, mais elle traite aussi les pathologies aiguës ou chroniques. C'est une thérapie douce qui agit de manière aussi bien préventive que curative, et qui ne laisse aucun résidu dans la viande et le lait des animaux d'élevage ! »

Lycopodium clavatum, *Arsenicum album*, *Podophyllum peltatum*... Les granules homéopathiques blancs aux noms latins semblent relever de la magie, mais ils se révèlent parfois plus efficaces que les médicaments traditionnels. Vincent commente :

« Je ne refuse pas systématiquement de soigner mes brebis avec des antibiotiques, je n'ai pas d'attitude de principe, mais, de fait, je n'utilise plus l'arsenal allopathique car je trouve toutes les solutions dans l'homéopathie. »

Le troupeau est maintenant regroupé autour d'Alain et de Vincent. Le border collie s'est couché sur l'herbe, les pattes arrière repliées et les oreilles alertes, prêt à reprendre du service. Les deux hommes marchent autour des bêtes, caressent une toison, soulèvent une patte, observent... Les brebis ont belle allure et sont en bonne santé, hormis deux qui présentent des irritations autour des yeux et que Vincent soigne avec de l'huile essentielle de millepertuis. Cette plante aux propriétés anti-inflammatoires semble être la source de nombreux miracles, comme j'ai pu en faire l'expérience avec ma jument. Alain poursuit :

« Le problème dans le traitement conventionnel, c'est que l'on impose un médicament à l'éleveur sans qu'il soit consulté. Il est court-circuité, pourtant ce n'est pas en une visite de vingt minutes qu'un vétérinaire peut saisir les pathologies d'un troupeau. Dans la démarche homéopathique, il prend en compte les observations de l'éleveur, qui passe beaucoup de temps avec ses bêtes et connaît chacune d'elles. »

L'élevage de Vincent et de son épouse Annick porte la mention « AB – agriculture biologique », mais, s'il est particulier, c'est surtout parce que jamais aucune bête n'est tuée et que le lait est laissé entièrement à la croissance des agneaux.

« Nous avons commencé par élever des brebis pour le lait et la viande, mais, avec le temps, la mise à mort est devenue de plus en plus pénible. Finalement, nos convictions religieuses et éthiques nous ont décidés à ne plus les abattre, explique Vincent.

— Nous avons le seul troupeau bouddhiste de France, et probablement d'Europe », ajoute Annick.

Quand une brebis s'éteint de sa belle mort, Annick et Vincent récitent un mantra, lui font ingérer une substance consacrée et offrent son corps aux vautours – une manière de perpétuer la vie selon le rituel funéraire tibétain. Le couple sélectionne quelques moutons pour assurer la reproduction, castre les jeunes mâles et laisse le reste du troupeau libre de toute contrainte. Ils s'autorisent seulement à tondre les toisons une fois par an, au printemps, pour confectionner des articles qu'ils revendent à des amis, sur les marchés, ou par

Internet : des plaids, des vestes, des gants, des bonnets, des chaussettes… Leur lait n'étant jamais prélevé, les brebis peuvent employer toutes leurs ressources à la fabrication de laine, aussi pure que l'herbe des prés qui n'absorbe aucun produit phytosanitaire. Vincent et Annick refusent aussi de faire usage de teinture, source de pollution importante dans l'industrie textile. Leurs vêtements gardent une couleur bise et sont bardés de jarre, ce poil noir qui confère à la toison des moutons des propriétés imperméabilisantes.

Annick et Vincent ont fait des choix radicaux pour vivre en conformité avec leurs convictions. Ils se sont approprié les mots de Matthieu Ricard, figure du bouddhisme qui soutient que l'homme occidental, s'il veut prétendre à la civilisation, ne peut pas continuer à avoir une attitude schizophrénique en aimant son prochain et en instrumentalisant les animaux pour se nourrir et se vêtir. Annick et Vincent mériteraient la médaille de la défense du vivant – si seulement elle existait. Ils se réjouissent de la réintroduction du vautour, ce grand rapace qui avait presque disparu du territoire français, et, à la différence de beaucoup d'éleveurs, ils ne sont pas opposés à la présence du loup.

« Le loup existe à l'état naturel sans l'action éradicatrice de l'homme. Je refuse l'idée de devoir éliminer une espèce pour élever des brebis », explique Vincent.

Ici comme dans les autres départements montagneux de l'Hexagone, la réapparition du loup divise les opinions et déchaîne les passions. Symbole d'une nature sauvage et dangereuse, cette bête qui hante encore nos contes populaires a donné lieu en 1882 à un arrêté ministériel ordonnant sa disparition. Empoisonné et massacré par milliers au cours de battues organisées, il a été totalement éradiqué de France à l'état sauvage au milieu du XXe siècle, mais il a été aperçu à nouveau en 1992 après avoir traversé les Alpes depuis l'Italie. Il étend désormais chaque année son territoire sous l'œil bienveillant des associations de défense de l'environnement. On en compterait aujourd'hui plus de trois cents en France, des Pyrénées aux Ardennes, avec une forte implantation dans la Drôme. Il a même été repéré à plusieurs reprises en Seine-et-Marne, aux portes de Paris. En dépit de l'indemnisation par les collectivités territoriales de toutes les pertes attribuées au loup, la plupart des éleveurs souhaitent l'éradication du prédateur qui blesse ou tue chaque année plusieurs milliers de leurs brebis[1]. Mais le loup étant une espèce protégée, seules les personnes habilitées ont le droit de le tuer, et uniquement en situation de défense. Les détracteurs du *Canis lupus* braconnent dans l'ombre, encourant amendes et peines de prison, tandis que ses défenseurs, pour qui il incarne l'espoir de la réversibilité de la destruction de la nature par l'homme, mettent en place des réseaux de surveillance et de comptage.

Vincent tolère le loup sans pour autant l'apprécier, car l'animal représente une menace pour ses moutons. Entre la défense d'une espèce et celle de son troupeau, il préfère ne pas trancher. Il a opté pour la solution de la dissuasion avec l'utilisation de chiens de protection

1. Selon la Confédération paysanne, plus de huit mille brebis ont été tuées par des loups en 2014, soit environ 0,1 % du cheptel français.

dressés pour vivre au sein des brebis et prévenir les intrusions. À la différence du chien de travail comme le border collie, le chien de protection est intégré au troupeau qu'il considère comme son groupe social et dont il est le gardien. La race de prédilection de Vincent est le chien de montagne des Pyrénées, appelé aussi patou, une espèce popularisée par la série télévisée *Belle et Sébastien*, à laquelle une taille de géant confère un aspect menaçant. Je confirme l'efficacité des quatre patous de Vincent, qui ne tolèrent que leur maître et lancent des salves d'aboiements hargneux dès que j'approche un peu trop près avec ma caméra. Apôtre de cette alternative pacifique décriée par ses confrères car jugée synonyme d'acceptation du loup, Vincent dresse des patous pour les revendre à des bergers désireux de se défendre sans utiliser le fusil. Une meute rôde dans les environs de l'exploitation de Vincent, pourtant son troupeau n'a jamais subi d'attaque.

« C'est bien la preuve que la cohabitation est possible. »

Annick et Vincent s'efforcent de faire du monde un endroit meilleur. Prônant le respect de la vie sous toutes ses formes, ils recueillent et hébergent des animaux malades ou en manque d'amour – six chiens, neuf chats et un cheval de trente ans qui termine tranquillement son existence dans un pré. Leur mas ressemble à une arche de Noé échouée au milieu des lavandes de la Drôme, au centre d'un cirque bordé par le plateau de Solaure, la montagne de Pennes et les falaises calcaires du Glandasse. Il tombe une petite neige comme du grésil et le vent fait danser les guirlandes de drapeaux de prière tibétains aux couleurs de l'arc-en-ciel accrochées entre les arbres. Surnommé « Loukdzi Tchangtchoup Ling », « le jardin de l'éveil des bergers », un temple bouddhiste aménagé à l'arrière de la maison sert de lieu de méditation et de retraite. Unik et Lars semblent apprécier la paix qui se dégage de l'endroit. Je les appelle en claquant la langue, ils accourent au galop pour venir manger leur ration d'orge.

★

Les empreintes d'un oiseau et d'un lynx sont tracées sur la neige. Leurs marques racontent une scène de crime, un haïku écrit en quelques coups de griffes et de plumes. Le lynx est resté aux aguets, s'est approché à pas de velours et s'est jeté pattes en avant sur le volatile. Je ne parviens pas à lire la suite, l'issue du combat reste un mystère dont la forêt garde le secret.

Les jours défilent, matins blêmes, journées ternes et nuits de suie. L'hiver tant redouté est là, bien installé mais finalement pas si terrible. J'aime la morsure vivifiante de l'air froid sur ma peau. Assis en selle ou marchant à côté de ma jument, je flotte en apesanteur sur un courant de pensées, porté par les paysages. Les idées se succèdent, amenées par la silhouette chétive d'un arbre sur la ligne de crête, la trajectoire d'un oiseau dans le ciel, la danse au vent de la frondaison des arbres… J'avance dans un film qui n'en finit pas et dans lequel je m'abandonne. Le voyage a ceci de magique qu'il a le pouvoir de prolonger à l'intérieur le cheminement qui s'effectue dans le monde extérieur.

Mes sens sont en éveil pour lire le terrain, cependant ma conscience s'efface derrière la route et, dans un état proche de la méditation, elle progresse sur sa propre voie. Ma pensée, qui d'ordinaire s'agite en tous sens, se tait en trouvant dans le décor de la nature un ancrage et un modérateur. Mon corps et mon esprit entrent en résonance comme une mécanique entretenue par le rythme du cœur et des jambes. J'éprouve une sensation de contrôle total alors que je m'abandonne, tel un moine tibétain en phase avec les deux réalités, celle du dedans et celle du dehors. Je suis à la fois pleinement ici, marchant sur les sentiers de montagne du Diois, et ailleurs. Le temps et l'espace se dilatent. Je sens l'air frais des montagnes dans mes poumons, je discerne le chant d'un bruant perché sur une branche, je perçois les battements du cœur de ma jument contre ma main et sa transpiration sous ma jambe – pourtant mon esprit vagabonde. Les paysages résonnent avec mon esprit, mes pensées s'ordonnent. Je pense au temps qui passe et s'accélère, je pense à cette machine appelée progrès qui a rompu en un siècle le contact de l'homme à la terre, je pense à la France que l'on défigure et à la nature que l'on viole sans préoccupation du lendemain, je pense à mes enfants qui probablement jamais n'attraperont une écrevisse dans une rivière. Je pense aux rencontres de cette équipée, à ceux qui me donnent des raisons d'espérer, ces résistants qui sortent du moule et agissent avec leur cœur pour sauver ce que nous avons d'humanité. Je pense que par endroits la France reste belle, et ses habitants libres… À l'image du chemin sur lequel nous avançons hors du sous-bois pour grimper droit vers l'horizon, un cap se dessine, solide. Je puise de la force dans l'odeur de la terre, dans la sève des arbres, dans la chlorophylle des feuilles. J'encapsule la forêt au fond de moi tel un trésor, le serment qu'un refuge perdure, proche et accessible. La nature imprime sa sérénité dans tout mon être, comme une marque que je cultiverai lorsque je retournerai en ville, pris dans la folie du monde, la promesse qu'un coin de verdure m'attend quelque part : une maison de bois dans une forêt de montagne pour abriter ma famille, mes amis, un cheval et des rêves. On demande souvent aux gens ce qu'ils ont envie de faire, mais rarement où ils ont envie d'être, pourtant le lieu est déterminant. Je savoure ces instants de communion en me disant qu'il n'y a pas de plus grand bonheur que celui de parcourir à cheval les territoires isolés d'une nature sauvage.

Je navigue ainsi, par le corps et par l'esprit, alors que nous tressons un itinéraire dans les montagnes. Le temps passe comme un songe, les heures s'égrènent sans que je touche terre. Je reviens à moi lorsque le soleil disparaît. Il se couche un peu plus tôt chaque jour, interrompant le flot des pensées et annonçant le terme de notre déambulation. Nous nous mettons en quête d'un abri pour la nuit, marchant dans le noir avec le souci de trouver un carré d'herbe fraîche et un peu de grain pour les chevaux. Nous sonnons aux portes d'un village qui conjugue la langueur méridionale et la sévérité des économies en berne. Nous allons de présentations en recommandations pour trouver chaque soir le même prodige d'hospitalité chez des hôtes bienveillants. Nous abreuvons nos montures et prélevons un seau de grain à un paysan voisin. À l'intérieur du foyer, nous retrouvons la chaleur dont le village manque à l'extérieur, trop malmené par l'exode rural pour soigner sa présentation. Nous lavons quelques vêtements, frottons les tapis de selle, chargeons sur des disques durs les images prises avec nos caméras, puis nous partageons la table des maîtres de maison. Nous glanons quelques provisions pour la route du lendemain, puis nous allons nous allonger, fourbus et repus. Une fois que nous fermons les yeux, le voyage se prolonge dans les odeurs mêlées de foin, de sueur et de sous-bois.

★

La Drôme est le département de France qui concentre le plus grand nombre d'exploitations en agriculture biologique – elles représentent 16,5 % de la surface agricole utile, soit trois fois la moyenne nationale. Pionnière de l'introduction de menus bio dans les cantines scolaires, elle est le lieu de toutes les expériences et de toutes les espérances, une sorte de pays vertueux dont la plus belle illustration est la « Biovallée », une marque constituée par les communes situées de part et d'autre de la vallée de la Drôme qui permet à ses adhérents de revendiquer leur appartenance à un territoire exemplaire en matière de développement durable. La Biovallée réunit des élus, des entreprises et des acteurs de la société civile acceptant un cahier des charges aux objectifs ambitieux : couvrir exclusivement les besoins énergétiques des habitants par la production d'énergies renouvelables dès 2020 ; diviser par deux les déchets acheminés vers des centres de traitement ; renforcer la mixité sociale et intergénérationnelle dans des éco-quartiers ; favoriser la création d'emplois liés à la préservation et à la transformation des ressources naturelles… Thierry Geffray, l'un des instigateurs du projet, raconte :

« Pendant longtemps, la Drôme a été un arrière-pays à la traîne de la modernisation agricole, à une époque productiviste où seuls comptaient le rendement et la quantité. Il y a eu une inversion des valeurs et, désormais, nous sommes un avant-pays leader de la révolution de la qualité ! »

Nous rencontrons Thierry au lieu-dit Montlahuc, dans la ferme des Préalpes du Haut-Diois où, entouré de sa famille, il élève des brebis. L'homme a la soixantaine, des cheveux blancs attachés en catogan et des paupières en amande plissées sur des yeux rusés. Avec sa voix posée et chaleureuse, il incarne la simplicité de ceux qui, en quelques paroles, vous donnent l'impression de retrouver un ami.

« La nature n'existe pas en ville, elle est limitée aux jardins publics, raconte Thierry. Les urbains ne voient même pas les étoiles, ils sont une population "hors sol" ! L'homme vit une perte de contact avec la nature, qu'il appelle désormais "environnement" et qui devient un lieu de plaisir, de loisirs, de détente… mais la nature, c'est aussi ce qui nous fait vivre ! Il est temps de réintroduire l'espèce humaine dans son milieu naturel. »

Agriculteur philosophe, Thierry est un citadin devenu néorural. Ingénieur agronome de formation, il a choisi de s'installer dans le Diois, l'un des cantons les moins peuplés de France, pour y mener une expérience grandeur nature visant à rendre attractif un bout déserté de montagne.

« Quand je suis arrivé ici il y a quarante ans, les anciens conseillaient à leurs enfants de faire des études pour partir. Ils disaient : “Après nous, le déluge !” » s’exclame Thierry en montrant de la main la forêt et la montagne environnantes.

Son pari est réussi car Montlahuc est revenu à la vie – à la fois économiquement, socialement et culturellement. Son exploitation tourne à plein régime et propose à la vente des agnelles de reproduction qui paissent sur 700 hectares de terrain autrefois laissés en friche. Ici, la campagne renaît, l’agriculteur n’a pas seulement une fonction nourricière, mais il est aussi un acteur du territoire et de son (a)ménagement. Sur le chemin qui descend en lacets, un jeune berger court autour des agnelles qu’il mène à la bergerie où elles passeront l’hiver ; ses patous sèment la zizanie dans le troupeau et le jeune homme s’époumone. Dans l’immense bâtiment de bois où résonnent les bêlements des centaines de bêtes, les petits-enfants de Thierry, deux garçons d’une dizaine d’années, aident à dérouler des balles de foin énormes entre les barrières de bois qui séparent les moutons.

Convaincu que notre système fondé sur l’argent et la productivité est sur le point de s’écrouler, Thierry refuse les solutions « prêtes-à-vivre » proposées par une société qui réduit l’homme à une activité de consommation.

« Jusqu’au bout, un système qui s’effondre ne le sait pas ou refuse de le voir. Nous sommes dans le déni, pourtant notre modèle vit ses dernières heures. Je garde espoir pour la suite car il se passe beaucoup de choses positives. Ce qui fera la différence, ce qui compte, ce sont les processus d'intelligence collective mis en place un peu partout dans le monde pour revenir à des valeurs plus saines. »

Thierry n'est pas du genre à se lamenter. Il a passé sa vie au grand air, les pieds ancrés dans la terre et les yeux tournés vers le futur, pour imaginer de nouvelles manières de façonner du lien entre les hommes et la nature. Éclaireur et défricheur, il a mené de nombreux projets avec la vision d'un bâtisseur : création d'un pôle d'excellence rural pour les plantes aromatiques ; partenariat avec les banques locales consistant à prélever une fraction des transactions financières pour soutenir l'installation de jeunes agriculteurs à travers l'acquisition de terrains. Après avoir été président de la communauté de communes du Diois pendant deux mandats, Thierry se consacre aujourd'hui à ses six cents brebis. Il n'exerce plus de fonction d'élu, mais il est toujours investi dans le développement de sa région et la promotion de la terre comme valeur première de la matrice du vivant.

« Il ne sait pas s'arrêter et il ne sait faire les choses qu'en grand », confie sa fille.

En 2006, Thierry a participé à la création de l'ENS, l'École de la nature et des savoirs, une association qui applique les principes d'un développement humain durable autour de plusieurs sites de la région, dont sa ferme qui sert de lieu d'accueil à ceux qui veulent découvrir le métier d'agriculteur. Thierry et ses associés hébergent aussi des étudiants en agronomie venus rédiger leur mémoire de fin d'études en prenant part à la vie d'une exploitation de montagne. Les stagiaires réfléchissent au concept de transition et apprennent que la nature est généreuse si l'on veut bien être à son écoute. Ils se familiarisent avec la pratique de la gouvernance collective car la ferme de Thierry est organisée en GAEC[1], une structure juridique et économique s'apparentant à une affaire familiale, dans laquelle les associés sont propriétaires et travaillent ensemble pour vendre leur production. Les stagiaires reçoivent le même salaire que les associés et participent aux réunions hebdomadaires consacrées à définir la politique de l'exploitation et à corriger les problèmes éventuels de gestion. C'est pour eux l'occasion d'accompagner la métamorphose de la ferme, qui passe progressivement d'un modèle de monoculture ovine extensive à une organisation permacole[2] autonome en fourrage et en céréales intégrant des activités telles que l'agroforesterie et l'élevage de chèvres, de vaches et de volailles…

Nombreux sont ceux qui considèrent la permaculture comme l'avenir de l'agriculture. En allant vers la simplification des méthodes de production, elle permet d'agir avec la nature et non contre elle. Elle ne force pas la croissance à grands coups d'engrais, mais utilise la vie microbienne des sols pour accroître leur fertilité, générant des rendements importants sur de petites surfaces. Elle est fondée sur une approche holistique, agençant judicieusement différents types de cultures

---

1. Groupement agricole d'exploitation en commun.

2. Le terme « permaculture » est issu de l'expression « permanent agriculture » et désigne un système agricole qui adopte une vision systémique pour permettre à la terre de maintenir sa fertilité naturelle en s'attachant aux connexions entre les éléments : arbres, insectes, bactéries, sol, etc.

qui se soutiennent les unes les autres. L'élevage de volailles, par exemple, produit des œufs, de la viande et des plumes – cependant les poules diminuent aussi la quantité d'ordures ménagères et, laissées en liberté, elles empêchent la prolifération d'insectes nuisibles aux cultures. De même, l'élevage ovin n'est pas réduit à la fourniture de viande, de cuir et de lait, mais il sert également à produire du fumier utilisé comme engrais. La profession de foi permacole est une véritable révolution fondée sur le bon sens et l'observation de la nature. Ses bonnes pratiques se diffusent sur tout le territoire, transmises par des fermiers enthousiastes qui parviennent à ressusciter des parcelles délaissées par la vie. Bill Mollison, un des fondateurs de la permaculture, disait : « Alors que les problèmes du monde sont de plus en plus compliqués, leurs solutions sont honteusement simples. »

⋆

La lune est haute dans le ciel, pourtant la nuit est sombre. Je remplis de granulés les musettes de Lars et Unik, puis je vais à la source chercher de l'eau avec deux seaux. Lorsque je reviens au pré quelques minutes plus tard, Unik est toujours occupée à manger sa ration, mais le hongre est immobile. Lui, d'ordinaire si vorace, n'a pas terminé le contenu de la musette qui pend sous son nez. Il tousse et racle le sol de son antérieur gauche. Je lui propose de l'eau, il refuse en se détournant du seau. Il allonge son encolure vers le bas, fait des efforts pour déglutir, se couche à terre et se relève aussitôt. Un liquide gluant et verdâtre se met à couler de ses naseaux, je comprends qu'un amas de nourriture est coincé dans son œsophage, entre la gorge et l'estomac. La salive fait gonfler ce bouchon un peu plus à chaque instant, rendant la déglutition impossible. Lars a mangé trop vite, sans prendre le temps de mastiquer. Le cheval est un herbivore à la digestion sensible, incapable de vomir : le sphincter situé au début de son estomac ne s'ouvre que dans un sens. Lorsque son tube digestif est obstrué, l'animal souffre de coliques violentes qui peuvent se révéler mortelles en quelques heures. Et si les aliments bloqués transitent par les voies respiratoires, ils peuvent provoquer une infection pulmonaire.

Il faut agir vite. Mon premier réflexe est de téléphoner à Jean, mais il ne répond pas. Je compose le numéro de Christian, notre ange gardien qui a tant d'expérience de la randonnée équestre. Nathalie, sa compagne, décroche. Elle a déjà perdu un cheval à cause d'un bouchon de nourriture et saisit l'urgence de la situation. Elle m'explique comment réaliser une injection d'Estocelan, un antispasmodique qui aura pour effet de relâcher les contractions du cheval en attendant l'arrivée d'un vétérinaire. Je vais chercher la trousse à pharmacie, que je me réjouissais de n'avoir pas utilisée, et je prépare une seringue. Sibylle me rejoint. Je tente de repérer la veine jugulaire qui court sous l'encolure de Lars, mais elle est dissimulée derrière une couche épaisse de graisse. Je suis les indications de Nathalie pour tenter de faire gonfler la veine en bloquant la gouttière dessinée sous le cou du hongre, sans succès. Je renonce et plante la seringue au bas de l'encolure, dans le muscle. Lars cabre et se débat un instant, Sibylle le rassure avec des caresses.

Une fois l'aiguille retirée, il se tient penaud, la tête basse, tandis que de son nez coule un flux épais de glaire. Le pauvre cheval paie le prix de sa gloutonnerie. Jean, qui a remarqué que j'avais tenté de le joindre, téléphone. Il a lui aussi perdu un cheval à la suite d'une congestion alimentaire, il est formel : il faut appeler un vétérinaire immédiatement pour purger l'œsophage de Lars ou, dans quelques heures, il sera condamné. Du fond de ma poche, je sors une carte de la Drôme qui liste les noms et les contacts des vétérinaires du département. Le plus proche se trouve à Nyons, à une heure de route en voiture. Il est de garde, mais il ne veut pas se déplacer. Il râle :

« Il est 23 heures ! Le bouchon va passer tout seul, j'ai l'habitude. Le temps que j'arrive, tout sera réglé ! Vous vous inquiétez pour rien ! »

J'insiste, je m'obstine, mais il refuse de venir. J'essuie trois échecs successifs avec d'autres vétérinaires : les deux premiers prétextent l'heure avancée et le troisième est déjà occupé avec une vache qui met bas. Les numéros suivants sonnent dans le vide puis, alors que j'arrive à la fin de la liste et n'y crois plus, une femme décroche. Le Dr Chamoux se trouve à une heure et demie de distance, pourtant elle accepte de faire le déplacement. En attendant son arrivée, Sibylle fait marcher Lars en maintenant autour de son cou une serpillière imbibée d'eau chaude. Unik, inquiète, suit son compagnon pas à pas pendant qu'il dessine des voltes dans le pré. Nos hôtes installent des lampes halogènes pour nous éclairer et apportent un thermos de thé. L'heure tourne. Lars continue à tousser, son nez dégouline.

Minuit et demi, notre sauveuse nous rejoint enfin. C'est une femme proche de la retraite qui, d'une main experte et sans un mot, introduit une sonde dans le naseau droit de Lars. Le hongre semble accepter son sort, résigné, et se tient immobile pendant que la vétérinaire tente d'atteindre l'extrémité de l'œsophage. À chaque essai, le tuyau de plastique parvient aux poumons et elle doit recommencer la manœuvre. Unik s'approche de Lars et souffle sur son museau. Le docteur s'y reprend une douzaine de fois avant de parvenir à glisser correctement la sonde. Deux mètres de tuyau transparent disparaissent à l'intérieur du corps de Lars et se remplissent aussitôt d'une pâte épaisse de la même teinte verte que les granulés dont il s'est empiffré. Il faut alors injecter de l'eau dans le tuyau à l'aide d'un entonnoir pour liquéfier la bouillie, la faire descendre selon le principe de l'écoulement par siphon, et l'extraire peu à peu. Une demi-heure durant, ce sont près de trois litres de granulés qui s'écoulent des naseaux de Lars. Restée jusque-là silencieuse, le docteur nous confirme la gravité de l'accident et l'urgence de son intervention. Sitôt libéré de la sonde, Lars se met à brouter – signe qu'il a retrouvé son appétit et qu'il est rétabli. Il faudra désormais éviter la musette et lui présenter dans un seau sa nourriture mélangée à quelques gros cailloux afin de ralentir son rythme d'ingestion en le forçant à trier sa pitance – une astuce de randonneurs conseillée par Jean et Nathalie. Avant de s'échapper, la vétérinaire tente d'administrer à Lars une injection de Duplocilline, un antibiotique conçu pour éradiquer les infections causées par l'introduction du tuyau dans les conduits nasaux et dans les poumons.

Mais Lars, qui a regagné toute sa vitalité, se débat, cabre et rue. Rien à faire, il ne veut pas accepter la piqûre. La vétérinaire abdique, ce sera à moi de m'en charger.

★

Le gros temps est terminé, la neige s'efface du sol, le chêne prend possession de la forêt. Nous descendons la vallée de l'Oule jusqu'à un petit village construit sur le flanc d'une colline. Nous installons Unik et Lars chez un éleveur qui, pour protéger ses moutons, préfère la sécurité d'une arme à feu à la surveillance d'un chien. Les loups gris rôdent en meutes dans la région, il en a tué dix en deux ans et les a enterrés discrètement au fond de son terrain. L'année dernière, un grand mâle a déjoué sa vigilance, est parvenu à pénétrer dans la bergerie et a tué une douzaine de brebis. Depuis, il ne quitte plus son fusil, toujours chargé, calé sur son épaule ou rangé dans le coffre de sa voiture.

Je présente à Unik un mélange de céréales qu'elle mastique avec une lente application pendant que Lars, jaloux, tourne autour d'elle en tapant du pied pour réclamer sa part. Il purge comme une peine son régime alimentaire limité à l'herbe et au foin le temps que son tube digestif se remette de l'agression du bouchon et de la sonde. J'essaie de lui injecter l'antibiotique prescrit, mais il devient violent face à l'aiguille. Je le pique à plusieurs reprises dans l'encolure et sur la croupe, il se débat et je n'ai pas le temps d'enfoncer la seringue. Il cabre, rue, j'évite de peu un coup de sabot. La vétérinaire, que j'appelle au téléphone, conseille de délaisser l'antibiotique car, d'après mes commentaires, Lars semble en bonne santé. Jean, lui, me traite d'incapable et insiste pour que je fasse cette injection.

Nous passons la nuit dans une chambre d'hôte tenue par un couple de Belges à la retraite venus chercher le soleil dans le sud de la France. L'homme accuse un mouvement de recul lorsqu'il m'aperçoit derrière Sibylle, sortant de la pénombre devant sa grande bâtisse de pierre. Je mets sa réaction sur le compte de mes guêtres poussiéreuses et de mon allure salingue, et lui adresse un sourire et une poignée de main les plus engageants possible. Une fois déposées mes affaires dans la chambre à l'étage, je descends au salon et commande une bière. Notre hôte m'apporte une blonde des Ardennes et retourne précipitamment à côté de son épouse, devant la télévision qui braille dans un coin de la pièce. Ils ne décrochent pas de l'écran, captivés par une enquête sur les affaires florissantes des magnétiseurs arnaqueurs et des guérisseurs charlatans. De temps à autre, l'un d'eux m'ausculte du coin de l'œil, presque nerveusement, alors que je sirote ma cervoise en écoutant distraitement les commentaires du journaliste. Le contact avec la télévision, cette grand-messe qui berce notre vie, me rappelle le privilège que nous avons à voyager hors du temps dans une réalité plus tangible que celle offerte par les médias. Je voudrais rester au cœur de la campagne et des montagnes, ne plus être exposé au tumulte des ondes et à leur battage incessant… Je commande une deuxième bière. L'homme l'apporte et débouche la bouteille en poussant un soupir de soulagement. Son visage se détend, il me dit sur le ton de la confidence :

« J'ai cru que vous étiez l'un des leurs, mais ils ne boivent pas d'alcool !

— Comment ça ?

— Je vous ai pris pour l'un des terroristes des attentats de Paris. Celui qui s'est enfui porte un chapeau comme le vôtre, on a vu sa photo à la télévision ! »

Devant mon expression déconfite, il continue :

« Vous comprenez, on est très isolés, ces fous d'extrémistes pourraient venir se cacher ici. J'allais téléphoner à la gendarmerie au moment où vous avez demandé une bière… »

Sa frayeur aurait été plus grande encore s'il m'avait aperçu avec la barbe que j'ai rasée quelques jours plus tôt. Mon pakol, ce chapeau porté par les montagnards d'Afghanistan et du Pakistan, devenu symbole de résistance face aux talibans fondamentalistes, est aujourd'hui assimilé à la coiffe des terroristes. Les amalgames ne connaissent aucune frontière et annoncent des jours sombres. « Comme toujours, une petite, mais active minorité, qui fait preuve d'audace et ne recule pas devant l'emploi de la terreur, réussit à intimider une indolente majorité », disait Stefan Zweig[1]. L'histoire se répète.

Je laisse le couple à sa télévision, qui diffuse maintenant des témoignages d'anciennes captives de l'État islamique en Syrie, des histoires à faire pleurer les pierres, et je sors dîner en compagnie de Sibylle.

★

1. *Conscience contre violence*, essai polémique rédigé en pleine montée de l'extrême droite en Europe, publié en 1936, reste d'une actualité troublante.

Nous traversons Rémuzat, un petit village aux maisons de pierre et aux ruelles tortueuses. Campés sur leurs perrons, les anciens babillent avec l'accent chantant du Midi. Leurs visages ridés ont la même teinte ocre que les tuiles des toits et racontent des vies qui sentent le travail de la terre, les herbes aromatiques et la sieste. Au-delà du bourg, les habitations s'éparpillent entre des vergers de prunes surplombés par une longue paroi calcaire que la lumière du matin frappe comme un miroir de cuivre. Les vautours nichés dans la falaise déploient leurs ailes et, portés par les courants d'air chaud, s'élèvent en dessinant des spirales dans le ciel. Guidés par nos GPS, nous suivons la route goudronnée qui grimpe en lacets vers le col de Soubeyrand. Les écrans indiquent un chemin qui permet un raccourci en coupant une des boucles du bitume, nous nous y engageons et nous retrouvons face à un gaillard rougeaud occupé à débiter du bois avec sa tronçonneuse. Quand il nous aperçoit, il pose son engin, saute en travers du chemin et demande où nous allons. Nous répondons que nous montons vers le col, il rétorque :

« C'est un chemin privé, demi-tour ! »

Nous protestons, arguant que rien n'indique que le chemin est privé et qu'il ne s'agit que de quelques dizaines de mètres jusqu'à la route goudronnée. Il hurle, encore plus rouge :

« Ne me cassez pas les couilles ! Barrez-vous ! »

Lorsque je lui fais remarquer qu'il manque d'amabilité, il écarquille les yeux, saisit un gourdin de bois et s'élance vers nous en criant. Sibylle filme la scène en riant tandis que nous faisons demi-tour pour échapper à l'accrochage.

Nous poursuivons notre route à travers les Baronnies, un pays de moyenne montagne fertile où poussent vigne, lavande et arbres fruitiers. Là où l'homme ne cultive pas le sol, des forêts de chênes et de genévriers recouvrent un relief tourmenté entrecoupé de cols et de routes tortueuses qui, de loin en loin, traversent le paysage. La Provence s'offre à nous, sauvage et lumineuse. Sur le bord du chemin, les oliviers noirs débordent de fruits. Dans les villages, les hommes jouent à la pétanque et les écoliers accourent pour nous regarder passer.

À Buis-les-Baronnies, petite capitale de ce pays de cocagne, nous nous mettons en quête d'Avemix, un antibiotique à spectre large, substitut en poudre de celui que Lars n'a toujours pas accepté en injection. Le hongre reste rond comme une barrique malgré son régime d'herbe et de foin, il ne semble souffrir d'aucune infection, mais Jean insiste pour que nous prenions toutes les précautions possibles. Je demande le chemin de la pharmacie à une jeune femme, qui propose de nous accompagner. Tandis que nous marchons devant les chevaux, cliquetant sur le pavé, elle m'interroge pour savoir où nous avons entamé notre périple. Je lui réponds que nous sommes partis de Paris.

« Vous avez dû partir tôt ce matin ! » s'exclame-t-elle.

Pour m'assurer qu'elle plaisante, j'ajoute :

« Nous allons jusqu'à Marseille. »

Sans sourciller, elle rétorque :

« Oh, là, là, dépêchez-vous, il va bientôt faire nuit ! »

Le lendemain, nous cherchons en vain un récoltant de tilleul dont nous pourrions raconter le quotidien en images. Arbre emblématique des Baronnies au même titre que l'olive et la lavande, le tilleul a été récolté pendant des siècles pour être transformé en tisane ou en huile essentielle. Aujourd'hui, il est délaissé à cause d'une consommation en baisse et d'une concurrence toujours plus forte de pays producteurs comme la Chine et la Pologne, aux coûts de cueillette moins élevés. Les tilleuls encadrent les routes et ornent toujours les places de villages des Baronnies, mais leur récolte est reléguée au rang de folklore, commémorée lors d'une fête annuelle rassemblant anciens attachés à la tradition et visiteurs nostalgiques. Les producteurs qui n'ont pas périclité et à qui nous parvenons à parler répondent qu'il n'y a rien à filmer, que c'est la morte-saison, que la cueillette est terminée depuis plusieurs mois. Lorsque je partage les nouvelles au téléphone avec Jean-Philippe, il s'inquiète de la suite du tournage, déplorant que nous passions trop de temps à cheval et pas assez à la recherche de nos personnages. Il insiste à nouveau pour que nous montions dans un van afin d'avaler plus rapidement les kilomètres qui nous séparent de chaque rencontre.

« Personne ne le saura, on ne verra rien au montage ! » justifie-t-il.

Je proteste : je fais du documentaire, pas du cinéma. Le ton monte et Jean-Philippe ordonne que l'on embarque dans un camion jusqu'à l'étape suivante.

« Cette fois-ci, vous n'avez pas le choix ! »

Avant de raccrocher, il nous donne rendez-vous à Bonnieux, dans le Vaucluse, deux jours plus tard. La semonce sonne comme un mandat d'arrêt, j'ai les épaules lourdes. Je remplace les clous usés de la ferrure de ma jument, Sibylle achète quelques kilos d'orge pour les jours à venir, puis, remettant à plus tard l'exécution de l'ordre de notre producteur, nous reprenons la route, vent debout.

VI.

La Provence

Le Sud libéré

2 décembre, cinquante-huitième jour. Le prochain portrait de la série documentaire est programmé à Lourmarin, une centaine de kilomètres au sud. D'ici là, il faut improviser. Sur la route, Sibylle et moi interrogeons tous ceux que nous croisons pour essayer d'identifier des personnages libres, originaux ou inventifs qui pourraient inspirer une séquence du film. Avec un peu de persévérance et beaucoup de chance, nous trouvons le contact d'une bergère qui habite Brantes, un village perché sur une falaise couverte de chênes verts et de noyers. La jeune femme est prête à nous accueillir, mais se déclare réticente à apparaître face à la caméra. Espérant la faire changer d'avis – et n'ayant rien à perdre –, nous suivons ses indications pour dessiner un chemin sous le mont Ventoux entre ravins, combes et ruisseaux. Étalé sur 25 kilomètres, le Géant de Provence nous toise de sa hauteur et nous plonge dans une ombre glacée. Bien nommé, il verse sur nous

un vent froid qui dévale ses pentes en roulant depuis le col des Tempêtes.

Nous arrivons au vallon de Sénary dans les dernières lueurs du jour. Maud Albiero, frêle blonde aux yeux clairs et aux joues roses, nous accueille avec un sourire doux, presque timide, et aide à installer nos chevaux au milieu de ses moutons, dans une grande bergerie qu'elle a érigée il y a six ans lorsqu'elle s'est établie dans ce lieu à l'écart de toute habitation. De la maison qu'elle est en train de construire n'existe pour l'instant qu'une dalle de béton coulée au sol. En attendant, elle passe ses nuits dans une petite caravane où elle nous invite à entrer. Nous nous serrons autour de la table. Une bouteille de vin et quelques tranches de saucisson permettent de délier les langues. Telle Manon des Sources, Maud vit recluse et un peu sauvage, avec pour seule compagnie le mistral, son chien et ses moutons mourerous, une race au museau roux originaire du sud des Alpes. Les rencontres étant rares, elle sait apprécier la valeur du contact humain. Elle emploie des mots simples et vrais pour nous raconter son quotidien et exprimer une vision de l'humanité empreinte de bon sens. Heureuse sur sa montagne, à l'écart de notre monde, elle en perçoit la rumeur en échangeant des nouvelles avec ses collègues bergers, les villageois d'en bas et les touristes. Cela lui suffit pour en comprendre la folie. Entre deux éclats de rire, elle confie qu'elle n'ose pas se rendre à Paris, cette capitale si éloignée de tout ce qu'elle connaît. Elle préfère son royaume perché et les plaisirs qu'elle y trouve dans la beauté de la nature et la croissance de ses brebis.

Maud est heureuse mais, comme tout éleveur, comme tout agriculteur, elle souffre de la spéculation foncière et du manque de terres disponibles. Elle a besoin de 200 hectares pour faire pâturer ses cent cinquante moutons, mais elle se heurte aux clôtures et aux réticences des propriétaires qui veulent tenir le troupeau à l'écart de leurs belles demeures avec piscines. Maud doit imaginer des itinéraires compliqués sur les rares parcelles autorisées, marchant loin et longtemps pour offrir de l'herbe à ses bêtes. En la voyant parcourir la montagne, les habitants des environs ont longtemps cru qu'elle était employée à garder le bétail d'un autre, ne pouvant concevoir qu'une jeune bergère soit indépendante. Ils lui donnaient quelques saisons seulement, pensant qu'elle ne supporterait pas longtemps cette vie de labeur, la chaleur accablante de l'été, le froid mordant de l'hiver, et le mistral qui, tous les mois de l'année, bat les oreilles, enivre et rend fou. Le chemin est souvent plus dur pour les femmes qui, en plus des difficultés du métier, doivent affronter les préjugés et donner sans cesse des gages de leurs mérites. Six ans plus tard, Maud est toujours sur son alpage, tutoyant le ciel et les étoiles. Elle a gagné sa légitimité en travaillant sans relâche, se consacrant exclusivement à ses brebis. Sa vie est une ode à la nature, son témoignage dans ce décor de montagnes provençales ferait une séquence forte pour notre documentaire mais, intègre jusqu'au bout, elle n'accepte pas d'être filmée. Maud refuse le système des médias, n'aime pas la caméra, et a peur des propos raccourcis et du cadre réducteur de la télévision. Sibylle et moi n'insistons pas.

Nous prolongeons la soirée en échangeant des nouvelles des deux mondes, celui d'en haut et celui d'en bas.

Au petit jour, à l'heure où l'herbe est encore recouverte d'une couche de givre blanc qui craque sous le pied, nous remontons en selle et partons, bredouilles, sans avoir tourné de séquence.

⋆

Nous descendons les gorges du Toulourenc, une faille creusée dans le plateau calcaire par un torrent dévalant le flanc du Ventoux. Ce matin, la terre nous en veut, le vent nous chasse et le ciel gris nous écrase. Nous sommes deux cavaliers hallucinés poursuivant une chimère, avançant aussi vite que le permettent nos jambes fatiguées, courant désespérément après un personnage ou une initiative à mettre en images, sans prendre le temps de déjeuner. En contrebas de Montbrun-les-Bains, un village médiéval construit comme une place forte sur une colline, nous faisons halte dans un centre équestre pour acheter du grain. Le patron est absent mais sa compagne accepte de nous vendre un peu d'orge aplatie. Avant de nous laisser partir sur le chemin qui longe les écuries, elle fait entrer dans les bâtiments deux étalons portugais qui, excités par la proximité de ma jument, menacent de sauter la barrière de leur enclos pour aller la monter.

À Sault, nous parvenons à visiter l'entreprise Aroma Plantes, qui distille de la lavande et d'autres plantes aromatiques et médicinales, mais les champs de l'exploitation agricole sont en sommeil pour l'hiver et la distillerie au repos. Nous ne pouvons voir que le petit musée et la boutique attenante qui n'offrent rien de vivant à raconter. Nous n'avons toujours pas de séquence. Sibylle et moi nous chamaillons puis nous reprenons la route, le ventre toujours plus vide, avançant dans un jour sombre qui se transforme en nuit épaisse.

Nous avons rendez-vous demain matin avec Jean-Philippe, notre producteur, et Éric, l'opérateur de drone, pour tourner quelques prises de vues aériennes 40 kilomètres au sud. L'étape est impossible à atteindre sans pousser à bout nos montures, nous nous résignons à utiliser un van. Marchant dans le noir sur le bord de la chaussée, nous pianotons à contrecœur sur nos téléphones pour trouver les coordonnées de propriétaires de fourgons. Nous les contactons les uns après les autres, essuyant une quinzaine de refus présentés par des voix surprises ou irritées d'être dérangées à une heure avancée pour une mission peu rémunératrice et sans préavis. Alors que nous n'y croyons plus, un cavalier accepte de nous porter secours. Il s'appelle Christé et tient le centre équestre où nous avons acheté du grain un peu plus tôt. Il nous rejoint après le col de la Liguière, à l'entrée du parc naturel régional du Luberon. Alors qu'il embarque les chevaux dans son camion et que Sibylle s'installe sur le siège passager, je leur annonce qu'ils feront la route sans moi. J'ai mûri ma décision toute la journée : je continue à pied. Non pas que je veuille m'en tenir à une règle du tout-à-selle-ou-à-pied, nous avons déjà accepté de parcourir quelques kilomètres en camion au début du voyage, pour préserver Où-Vas-tu, notre première monture. Il s'agit plutôt de rester maître à bord et de laisser au voyage le rythme qui est le sien depuis son commencement. Si proche de la ligne d'arrivée, je ne veux pas briser ce qu'il reste de l'esprit de cette aventure imaginée comme une échappée sauvage. Je préfère user mes jambes et mes semelles dans la nuit plutôt que de devenir complice de ma propre déception. Si je cédais, je me coucherais avec les idées noires et le cœur cadenassé, et terminerais le voyage sur un goût d'inachevé. Les chevaux sont épargnés par ma mutinerie puisqu'ils montent dans un camion. Sibylle, bienveillante, accepte mon choix. Nous nous donnons rendez-vous à Bonnieux dans un centre équestre prêt à nous héberger. Christé semble sceptique, mais s'installe à bord sans mot dire et démarre son van dont les feux rouges disparaissent dans le noir.

Éclairé par ma lampe frontale, je marche sur une sente qui coupe les lacets du goudron à travers la végétation. Au-dessus de ma tête, perchés dans les chênes, des oiseaux de nuit battent des ailes et, sur le côté, des sangliers fouillent le sol en reniflant. Tout autour, la forêt bruisse et murmure, pleine de vie. Elle m'enveloppe, je suis seul au milieu de l'immensité sombre. Coupé de ma moitié animale, sans sa présence entre mes jambes, sans son souffle dans mon cou, je me sens vulnérable, comme amputé d'un membre. Puis l'anxiété s'évanouit dans les kilomètres de marche et je sens poindre une liberté nouvelle. Affranchi de l'attention à porter à ma monture et des compromis à trouver avec Sibylle pour décider du chemin à suivre, je redécouvre l'indépendance. Cette autonomie retrouvée me donne de l'élan, j'exulte. J'ai le pied et l'esprit légers, je marche à toute allure, je cours presque. Le voyage devient simple, réduit à des paramètres définis par moi seul : mon esprit conforté dans la décision de marcher, mon pas qui dicte la cadence – et mon ventre qui gronde.

Le clocher de Saint-Saturnin-lès-Apt perce la frondaison des arbres et m'indique le cap comme un phare. Dans le bourg endormi, j'arpente les rues en calades et, au seul café ouvert, j'engloutis le sandwich et la bouteille d'eau tendus en maugréant par un gérant au tablier couvert de graisse. Je marche pendant cinq heures, traversant dans le noir la plus grande partie du parc du Luberon. Arrivé dans la plaine de Bonnieux, je coupe à travers champs pour suivre les indications de mon GPS vers le centre équestre où Sibylle s'est installée avec les chevaux. Croyant être parvenu à destination, je fais le tour d'un bâtiment qui, lorsqu'une lumière s'ouvre, se révèle être un entrepôt agricole. Un chien aboie, je tourne les talons. Une voiture me rattrape, pleins phares, et freine à mon niveau. Le chauffeur baisse sa vitre, plisse les yeux pour ajuster sa vue à l'obscurité, et détaille de haut en bas mon costume crotté. Il est habillé d'une veste de pyjama et a la tête du type qui n'apprécie pas d'avoir été tiré du sommeil. Sans un mot, il allume la lumière de l'habitacle pour me montrer, posé en évidence sur ses genoux, un fusil de chasse. J'ai compris le message.

« Je cherche un centre équestre, je ne suis pas un voleur de poules », je bredouille.

Il me fixe en silence avec des yeux sombres, puis repart brusquement en marche arrière. Ma tête d'enfant de chœur m'a évité un coup de fusil et une explication au commissariat. Sibylle me guide au téléphone et, un quart d'heure plus tard, j'arrive à l'écurie. Je déroule mon matelas sur le carrelage du *club house*, entre un distributeur de boissons et un mur crasseux, et je m'endors d'un coup.

★

Nous n'avons plus de talc à mettre sur le dos des chevaux. N'ayant que peu de route à faire aujourd'hui, nous décidons que c'est sans importance. Nous harnachons Lars et Unik et retrouvons Jean-Philippe et Éric en contrebas du village perché de Bonnieux, au milieu d'une oliveraie, sous une falaise abritant des habitations creusées dans le calcaire. Jean-Philippe reste en retrait, adossé à sa voiture. Quand je m'approche, il fait une moue dédaigneuse et explose :

« Tu ne m'as pas obéi, je t'avais dit de prendre un van ! »

Je rétorque :

« Les chevaux ont fait plusieurs dizaines de kilomètres dans un camion hier et nous sommes à l'heure au rendez-vous. Que veux-tu de plus ? »

Je m'arrête là, préférant passer sous silence ma marche nocturne. Cela ne regarde que moi. Confondu, sincèrement désolé, il se ravise :

« Mais pourquoi ne me l'as-tu pas dit ? Viens là que je te fasse la bise… »

Éric filme quelques plans aériens avec son drone. Unik ne s'effarouche plus à la vue et au son du gros insecte volant, elle se conduit comme un cheval de cinéma. Nous faisons des allers-retours entre les rangées d'oliviers puis, lorsque Éric est satisfait des prises de vues, il repart avec Jean-Philippe. Sibylle, Lars, Unik et moi reprenons notre randonnée vers le sud.

Nous avons gagné notre course contre l'hiver. Ses frimas se sont étiolés, noyés dans la garrigue, dardés par les rayons dorés de la lumière, barrés par les chemins qui serpentent entre les cèdres et les chênes blancs. Je découvre au grand jour la beauté du Luberon, une petite montagne qui s'étend d'est en ouest comme un rempart au-dessus de la plaine de la Durance. Avec ses sentiers qui parcourent les forêts silencieuses, ceux qui traversent les champs de lavande et les coteaux d'ocre flamboyant, ceux qui relient les villages aux crêtes dominant le massif, l'endroit est un paradis pour les flâneurs à cheval. À la belle saison, le climat doux et sec permet à une nature généreuse de faire pousser en abondance amandiers, cerisiers, truffes, raisins, melons et autres fruits de fête. Dans les hameaux juchés sur les collines comme sur le toit du monde, la vie est organisée autour de la terre et invite aux plaisirs de la table et à la joie de vivre. Je regrette de passer si vite, je voudrais faire un long voyage sur ce bout de terroir.

Des heures durant, nous marchons dans la solitude du massif sans rencontrer âme qui vive. Les belles propriétés logées entre les pins affichent volets fermés en attendant l'été. Nous escaladons un pierrier qui grimpe vers la ligne de crête. Sibylle et moi restons perchés sur nos selles pour discerner le chemin entre la végétation touffue. La pente est raide mais la distance est courte, un kilomètre que les chevaux parcourent au pas de charge. Au sommet, Sibylle prend quelques instants pour filmer le franchissement de cette nouvelle étape dans notre route vers la mer puis, sans laisser Unik et Lars se remettre de leur suée, nous descendons dans les gorges de l'Aiguebrun ouvrant sur les portes de la Durance et des Bouches-du-Rhône. Le mont Ventoux, qui veille au loin sur le Luberon, disparaît derrière nous.

Nous arrivons à Lourmarin en fin de journée, juste à temps pour notre rendez-vous avec le maire, Blaise Diagne, un grand monsieur qui refuse d'être vouvoyé. Nous le retrouvons à la Fruitière Numérique, une halle de maraîchers reconvertie en antre technologique. Situé au centre du village, ce vaste bâtiment mêle résolument tradition et modernité en affichant vieilles pierres et grandes vitres de verre. Il abrite un Fab Lab[1] équipé de scanners et d'imprimantes 3D, des salles d'ordinateurs connectés à Internet, un auditorium et des pièces de réunion et d'exposition. Espace ouvert à tous, la Fruitière Numérique invite à visiter virtuellement des musées du monde entier, à expérimenter la réalité augmentée, à assister à des spectacles culturels alliant expression artistique et nouvelles technologies, mais aussi à concevoir ou à réparer toutes sortes d'objets du quotidien. Grâce aux imprimantes 3D, chacun peut ainsi lutter contre l'obsolescence programmée des

---

1. Contraction de l'anglais *fabrication laboratory*, laboratoire de fabrication. Lieu ouvert où sont mis à disposition toutes sortes d'outils pour la conception et la réalisation d'objets. Il constitue un espace de rencontre et de création collaborative qui permet entre autres utilisations de transformer ou de réparer des objets de la vie courante.

appareils électroménagers en fabriquant à l'identique les petites pièces de plastique prévues pour se casser rapidement. La Fruitière Numérique bruisse d'initiatives et donne une nouvelle vie à ce lieu de rencontres et d'échanges, au cœur du village. Blaise, à l'origine du projet, raconte :

« Auparavant, c'était le travail qui faisait le lien entre les hommes, qui habitaient et cultivaient ensemble un même espace naturel. Ils communiquaient, partageaient, échangeaient… Notre société moderne a fait disparaître tout cela, maintenant les gens ont tendance à rester chez eux devant leur télévision. Il est urgent d'inventer autre chose. »

Lourmarin est sur la liste des plus beaux villages de France avec ses ruelles sinueuses bordées de fontaines, ses placettes ombragées, son église romane, son château Renaissance planté dans la campagne du Vaucluse au milieu des vignes et des oliviers, au pied de la faille creusée dans le Luberon par la rivière de l'Aiguebrun. Mais c'est aussi, avec seulement un millier d'âmes, le foyer d'une activité à la pointe de la modernité. La Fruitière Numérique accueille en résidence des équipes de chercheurs de tous les continents venus trouver un espace propice à la création, mais aussi des gamins du village, comme Basile, douze ans, qui s'y réfugie après la classe pour modéliser des objets sortis de son imagination. Sous nos yeux, il découpe au laser les noms de Lars et d'Unik sur deux plaques de bois, puis nous les offre. Nous avons enfin une séquence pour notre documentaire.

Nous installons nos chevaux dans un club équestre, au milieu d'un pré avec foin à volonté, et, le temps d'une journée, nous posons nos sacoches chez mes beaux-parents qui habitent la petite ville voisine de Cadenet. Sur les recommandations de ma belle-mère, fée marraine des bons conseils, nous allons traîner nos basques du côté du Café Villageois, un lieu de retrouvailles populaires proposant des animations culturelles dans un vieux moulin concédé par la mairie. Nous participons à un atelier du cuir, où je m'essaie à la couture en réparant une de mes fontes de selle. Un peu plus loin, nous visitons le laboratoire de l'association Couleurs végétales de Provence, créée par deux entrepreneuses courageuses qui relancent la filière de la teinturerie végétale. Elles cultivent la persicaire à indigo, la gaude et la garance pour en extraire des pâtes pigmentaires utilisées en coloration dans l'industrie textile. Sur un petit périmètre et en seulement deux jours, nous emmagasinons trois séquences. Nous avons retrouvé notre bonne étoile.

★

Unik et Lars ont chacun une bosse à la base du garrot, une contusion due à l'absence de talc et aux frottements de la selle. Les blessures présentent un début d'infection. Ce petit kilomètre de montée à l'assaut du Luberon pendant lequel nous sommes restés en selle paraissait pourtant inoffensif. Si près du but, nous avons fait une erreur de novices. L'état du dos de Lars et Unik réclame de leur accorder une journée de repos, mais nous devons avancer. Ils ne semblent pas nous en tenir rigueur et nous accueillent en hennissant quand nous les trouvons au pré. Le jour n'est pas encore levé et il pleut. Lars, contraint à un régime d'herbe et de foin depuis une semaine, peut recommencer à manger du grain. Nous remplaçons sa musette par un seau dans lequel nous déposons de gros cailloux le forçant à chercher sa nourriture du bout des lèvres. Pendant que nos montures sont occupées avec leur ration d'orge, nous les pansons pour nettoyer leur poil de la boue dans laquelle elles se sont roulées avec un plaisir certain. Nous les sellons – sans oublier le talc –, plaçons la selle légèrement en arrière du dos pour libérer le garrot, puis, marchant à leurs côtés, nous nous mettons en route sous un ciel humide et triste.

C'est jour de vote. Les Français élisent leurs conseils régionaux. En voyage au cœur du pays mais coupés du monde, nous n'en saurions rien sans les affiches à l'effigie des candidats placardées sur les murs de rues qui s'appellent Libération, Jean-Jaurès, de Gaulle ou Pasteur. Nous échappons à l'enchère des slogans radieux en empruntant l'« allée des Chemins de traverse », une petite voie au nom dont nous avons fait notre credo et qui nous mène à l'écart du bourg. Dans le creux de la plaine de la Durance, nous remontons la rivière vers l'est sur un terrain balisé où la nature est dessinée par l'homme. À notre gauche, les habitations sont serrées sur le coteau. À notre droite, sur les hauteurs en dents de scie engluées dans la brume, des pylônes émergent telles des proues de bateaux et font converger avec un ronronnement métallique leurs lignes à haute tension vers une centrale hydroélectrique. Les eaux des turbines sont charriées par un canal enserré entre la Durance et la départementale où les voitures filent sans discontinuer. Par endroits, la rivière s'échappe du tracé qui lui a été octroyé pour former des étangs, maigres substituts de nature où hérons, cygnes et canards viennent se réfugier. Nous déambulons pendant un kilomètre sur une langue de terre qui se faufile entre les bassins et les roseaux jusqu'à un nœud de routes encombrées. Ensuite, nous ne pouvons plus y échapper, il faut nous résoudre à emprunter le goudron. Courbés sous la pluie, nous longeons l'Autoroute 51. Le sol est jonché de papiers, morceaux de plastique et cannettes d'aluminium. La civilisation s'annonce, impitoyable.

★

Émilie Loison est devenue chevrière presque par hasard, il y a cinq ans, après des années d'aventures autour du monde. En rencontrant un berger au cours d'une promenade en Provence, elle a été séduite par son mode de vie au milieu de la nature au plus près des animaux. Elle a senti monter du fond de ses entrailles un appel auquel elle a répondu en suivant une formation dans un lycée agricole et en achetant trois chèvres. Sa voie était tracée. Elle tire désormais le lait de ses chèvres pour en faire de la brousse[1] et des pélardons[2] qu'elle pose fièrement sur la table familiale ou échange avec ses voisins contre d'autres produits. Elle passe ses journées au grand air, dans la musique des clarines, arpentant la colline Saint-Joseph, un massif niché entre l'autoroute 8 et l'autoroute 51

1. Caille de lait de brebis ou de chèvre fabriquée en Provence.
2. Petits fromages au lait cru de chèvre typiques des Cévennes.

que ses protégées défrichent en mangeant pousses et arbrisseaux. Les caprins débroussaillent la garrigue plus efficacement qu'une équipe de cantonniers, la commune accorde à la jeune femme un droit de pacage pour réduire les risques d'incendies qui ravagent la Provence chaque été. Elle apprend patiemment le métier, comprenant que les chèvres ont une intelligence développée et qu'il est impossible de leur dicter leur conduite. Le rapport de confiance s'établit petit à petit. Émilie est heureuse.

Un matin, une grande bique rousse fuyant les chasseurs a rejoint le petit troupeau. Émilie a accueilli la chèvre qui, quelques jours plus tard, a donné naissance à deux chevreaux. C'était une chèvre du Rove, représentante de cette race des Bouches-du-Rhône aux longues cornes torsadées qui ne compte plus que quelques milliers de spécimens. Parce qu'elle sautait toutes les clôtures dont elle l'entourait, Émilie lui a donné le nom de Jumpy. Elle a gardé son esprit de liberté, mais jamais ne s'est échappée, trouvant en Émilie une protectrice et une amie pour aller battre la garrigue chaque matin. Aujourd'hui, Jumpy est la matriarche du troupeau et l'aïeule d'une partie des quatre-vingt-dix biques qui le composent. C'est la meneuse, elle marche en tête et choisit la direction à prendre. Cette histoire qui s'apparente à un conte pourrait s'intituler « La jeune femme qui cherchait la nature et la chèvre qui voulait être libre ». Illustration d'une alliance vertueuse entre l'homme et l'animal, elle raconte le destin de deux êtres qui se sont trouvés pour échanger leurs services – protection contre les chasseurs et conduite des bêtes. Elle se poursuit chaque jour sur les hauteurs où les deux complices font paître le troupeau. Quand nous les rencontrons, la nuit va tomber et elles s'apprêtent à quitter les broussailles pour redescendre vers Peyrolles-en-Provence, où Émilie a aménagé un enclos. Autour de nous, trois chasseurs de grives marchent bredouilles en soufflant dans des appeaux. Voyant passer leur dernière chance de la journée dans un battement d'ailes, ils épaulent leurs fusils et tirent en l'air une salve de feu. Les chèvres prennent peur, celles qui sont perchées dans les arbres sautent à terre et détalent dans les fourrés, les autres s'éparpillent dans les quatre directions. Émilie essaie de les rattraper, elle appelle Jumpy, siffle, crie, cherche dans un sens, puis dans l'autre, en vain. L'obscurité s'épaissit, la chevrière tourne les talons, persuadée que ses bêtes connaissent le chemin et qu'elles rentreront d'elles-mêmes. Une demi-heure plus tard, elles arrivent à l'enclos derrière Jumpy. Aucune ne manque à l'appel, la chèvre rousse a rempli sa mission.

Après une séquence manquée avec Maud à Brantes, nous l'avons enfin, notre bergère du Sud. Belle et rebelle, Émilie est un personnage marquant. Aux moutons qui avancent dans la même direction, elle préfère les chèvres et leur chaos indomptable. La vie de pâtre à cheval entre la ville et la campagne lui convient, un pied dans le passé, un autre dans la modernité. Elle habite dans une grande maison au bord du canal EDF avec son mari René et leurs trois fils. Le dernier est né dans la forêt il y a sept ans, parce qu'Émilie voulait accoucher au milieu de la nature, persuadée que le premier environnement rencontré par l'enfant conditionne le reste de sa vie. Tous les matins, Émilie prend sa voiture pour déposer ses enfants à l'école, puis elle s'échappe avec ses chèvres dans la garrigue. Sa vie n'est pas conventionnelle mais elle est saine et sensée, à la fois en phase avec le monde moderne et tournée vers la nature et nos cousins les animaux.

René, informaticien à la ville, a passé une sale journée. Il a délaissé ses ordinateurs pour rester auprès de ses deux entiers mérens, de petits chevaux robustes dont la race remonte à la préhistoire. La semaine dernière, l'un d'eux a pris en chasse un hongre qui marchait devant son pré. Il a défoncé la clôture de deux mètres de haut et s'est lancé à la poursuite de sa proie. Pris de folie, il a embouti une voiture qui passait sur la route, transperçant le toit et épargnant de justesse le conducteur. L'étalon est miraculeusement ressorti indemne de l'accident mais, pour éviter tout nouveau débordement, René a préféré employer les grands moyens. Il s'est résolu à le faire castrer. Il a assisté le vétérinaire dans l'opération, ses manches sont encore retroussées lorsqu'il nous rejoint pour le dîner.

★

Les blessures sur le dos des chevaux se sont résorbées aussi vite qu'elles sont apparues, mais Sibylle et moi choisissons de prolonger leur répit en les menant à la longe. La pluie s'est arrêtée, le mistral souffle les nuages et le ciel s'ouvre pour laisser passer cette lumière fine si caractéristique du Sud. Nous traversons la digue du barrage qui ferme le lac de Bimont, immense réserve d'eau turquoise enserrée dans la roche claire pour alimenter les centres industriels des

Bouches-du-Rhône. Au-dessus de nous se profilent la pointe occidentale de la Sainte-Victoire chère à Cézanne et sa croix de Provence dressée vers le ciel. Le pied du massif est parcouru de sentiers de randonnée dessinés dans la terre rouge où poussent des taillis de chênes verts et des bosquets de pins d'Alep qui habillent la forêt d'une verdure éternelle. Nous serpentons au fond d'un ravin dans lequel s'est accumulée la pluie des derniers jours, marchant le long de l'eau sur un chemin de boue. Unik et Lars pataugent, la glaise grasse colle à leurs sabots. Plus loin, les deux murs de terre du défilé se resserrent, ne laissant d'autre choix que de mettre les pieds dans le chenal. Les yeux plissés et le regard inquiet, Unik tend le cou pour humer l'air et sonder ce passage qu'elle juge trop étroit. Elle renifle le sol et scrute le ruisseau dont elle ne voit pas le fond à travers l'eau trouble. Tour à tour, je l'encourage et je râle, la pousse et la stimule, mais elle refuse de faire un pas. Ce ne sont pourtant que 30 centimètres d'eau et quelques centaines de mètres à franchir. Profitant d'une petite plate-forme évasée, nous effectuons une manœuvre pour laisser Sibylle marcher devant avec Lars. Débonnaire, le hongre pose ses pieds dans l'eau et avance sans sourciller. Unik voit avec angoisse son compagnon prendre de la distance, elle se résout à se mettre en route, mais ne se résigne pas à aller dans le ruisseau. Elle cherche ses appuis sur les bords de la rigole, qui forment deux marches de boue glissante, trop fines pour ses sabots. Elle y place ses antérieurs et ses postérieurs, mais dérape, perd l'équilibre et finit les pieds dans l'eau. C'est la panique. Elle sautille d'un côté à l'autre du chenal, patine, se heurte aux parois de boue du ravin, glisse encore. J'essaie de la rassurer avec la voix, mais elle donne un coup de hanches pour se rétablir et m'écrase contre le tronc d'un chêne, le seul arbre du ravin. Je suis étouffé, compressé par les 500 kilos de muscles et de chair. Les rênes m'échappent. Sonné et impuissant, je regarde ma jument glisser, sauter et se débattre dans l'air et dans l'eau. Dans un effort vain pour fuir le ruisseau, elle cabre vers le ciel et agite ses antérieurs dans le vide. Alors qu'elle se dresse à la verticale, ses deux postérieurs glissent de la rigole. Je vois Unik perdre l'équilibre, son corps se renverser et prendre une orientation improbable. Je crois qu'elle va basculer sur le dos, tomber sur la croupe et se casser les vertèbres, mais elle parvient à se rétablir *in extremis*, avant de s'engouffrer dans le ruisseau et de rejoindre Lars en galopant.

Nous passons la nuit à Beaurecueil, dans un centre équestre où les voitures de luxe garées sur le parking rivalisent avec les chevaux de compétition qui attendent au paddock, enveloppés dans des couvertures matelassées brodées à leurs noms. Les propriétaires, les instructeurs et les soigneurs pourraient snober nos montures rustiques et nos guenilles boueuses, mais ils se mettent en quatre pour nous accueillir et pourvoir à nos besoins : ils remplacent l'étrier et l'étrivière perdus dans la bataille et nous fournissent de l'eau claire, du foin frais et de l'orge de premier choix… Le maréchal-ferrant change quelques clous des fers de Lars et Unik, et le patron libère un paddock. Tous contribuent à nous offrir une halte dorée.

⋆

Le massif de la Sainte-Victoire est un terrain de jeu fantastique pour les randonneurs et les cavaliers. C'est sur ses pentes et au fond de ses canyons que j'ai découvert les échappées sauvages avec un cheval. Mon oncle gérait un club équestre au pied de la montagne, je lui rendais visite pendant l'été. Toute la journée, il nous faisait travailler, ma monture et moi. En plein soleil, nous répétions des tours dans une carrière pour enchaîner voltes, demi-voltes, variations d'allure à l'assiette, changements de direction ordonnés par une impulsion du petit doigt sur la rêne. Mon oncle était intraitable, il ne laissait rien passer et demandait l'impossible. C'était autant le cheval que le garçon qu'il dressait et nous apprenions ensemble, sous la voix et la badine du maître. Il était exigeant mais il savait aussi qu'un jeune corps a besoin de liberté pour s'exprimer. Quand, à la fin de la journée, il sentait poindre en moi le découragement, il mettait fin à la leçon et me donnait quartier libre. Encore transpirant, je changeais de monture et m'échappais avec un cheval fringant. Nous traversions la petite route qui nous séparait de la délivrance, puis nous galopions dans la garrigue jusqu'aux contreforts de la Sainte-Victoire. Nous escaladions les flancs de la montagne et, tandis que nous nous élevions au-dessus du monde, je trouvais dans la nature une force nouvelle. Nous longions la ligne de crête, épine dorsale formée de strates rocheuses superposées, merveilles géologiques sorties de l'écorce terrestre et découpées en larges blocs de calcaire dont certains, détachés et éparpillés autour du sentier, composaient un parcours féerique. La pierre prenait vie et, dans une cavalcade endiablée, je courais après le vent et slalomais entre des monstres et des navires. Dans l'air flottait un parfum d'aventure, je me voyais explorateur, guerrier ou cow-boy ou Indien défrichant un univers inconnu. Alors que le calcaire devenait rose et que l'ocre s'assombrissait dans le soleil déclinant, je jouais à me perdre dans le dédale des canyons. Mon cheval entre mes jambes me semblait le plus noble des véhicules pour porter mes rêves. C'est ici que tout a commencé, que j'ai forgé le sens du mot liberté.

Vingt-cinq ans plus tard, le chemin est le même. Le temps semble ne pas avoir eu d'effet sur les blocs de calcaire, mais en contrebas la civilisation a gonflé. Où que le regard porte, elle est là, dense et touffue. Autour du site protégé de la Sainte-Victoire, elle grignote l'espace, ronge le terrain, assiège la montagne avec ses habitations, ses usines, ses autoroutes. Les villes et les villages de l'arc méditerranéen ne connaissent pas le dépeuplement, les Français viennent s'y serrer pour trouver le soleil. Les maisons de retraite fleurissent afin d'accueillir les prétendants au paradis azuré, mais les paysages de Cézanne n'existent plus. Au loin, les deux cheminées d'une centrale thermique crachent une fumée épaisse qui monte vers le ciel. Le journal glissé dans ma poche raconte qu'hier, à Pékin, le niveau de pollution de l'air a contraint les autorités chinoises à diffuser pour la première fois un avis d'alerte rouge, conseillant aux habitants de rester chez eux et ordonnant la fermeture des écoles et l'arrêt des chantiers de construction. Au même moment, la COP 21 se tient à Paris, grande messe internationale destinée à lutter contre le réchauffement climatique et les émissions de gaz à effet de serre en accélérant la transition vers des économies sobres en carbone. Ce sentier sur lequel nous avançons forme une ligne de front entre la nature et la civilisation. Il est à l'image de notre voyage, traçant un itinéraire sur les chemins de traverse, à cheval entre campagne et ville, entre passé perdu et futur à reconquérir.

Avant de retrouver la société des hommes et de plonger définitivement dans le ventre du monstre urbain, nous effectuons une dernière halte champêtre. Les sabots et les pieds rougis par la terre du chemin, nous arrivons au domaine Richeaume, une exploitation viticole adossée au rempart de la Sainte-Victoire. Julia Hoesch, la propriétaire, indique un carré d'herbe sur lequel nous tendons un fil pour faire un enclos aux chevaux, puis elle m'accompagne remplir deux seaux d'eau à un robinet situé au rez-de-chaussée de la grande ferme qui sert de maison à sa famille. Elle pose des questions sur notre voyage, veut savoir où j'habite, demande quelle est mon histoire. Quand elle apprend que mes enfants vivent à Paris, elle s'exclame avec une expression de pitié :

« Oh, les pauvres ! »

La ville, elle connaît. Jusqu'au début des années 1970, cette dame élégante qui a maintenant les cheveux gris habitait aux États-Unis avec son mari, chercheur à l'université de Yale. Indignés par le sacrifice de l'environnement perpétré au nom d'une marche forcée appelée progrès, ils décidèrent de tourner le dos à leur vie confortable pour revenir en Europe, trouver un coin de nature préservée et y développer une activité agricole traditionnelle.

Nous déposons les seaux dans l'enclos de Lars et Unik, occupés à transformer le gazon en green de golf. J'allume la caméra. Les yeux clairs de Julia Hoesch brillent derrière ses petites lunettes rondes lorsqu'elle raconte le moment où ils découvrirent, à Puyloubier, cet îlot épargné par la spéculation immobilière. 65 hectares de vignes et d'oliviers plantés au milieu de ruines romaines. Julia et son mari se mirent au travail et commencèrent à cultiver leurs premières parcelles de vigne en agriculture biologique, à une époque où le concept était encore inconnu. Ils façonnèrent le domaine selon leurs convictions, intégrant leurs pratiques agricoles dans le cycle de la vie, se conformant au rythme et aux exigences de la nature pour en cultiver les fruits sans la brusquer. Ils favorisèrent l'enherbement de la terre entre les rangées de vigne, y plantant des légumineuses, de l'orge et de l'avoine pour apporter au sol des nutriments stimulant sa fertilité. En hiver, cette couverture végétale a protégé les racines des ceps contre le froid. Au printemps, les fleurs et les céréales ont attiré des insectes, qui ont écarté les ravageurs. Le marc de raisin, résidu du foulage et de la cuvaison, a retrouvé la vigne sous forme compostée, mélangée au fumier des moutons du domaine. La maxime de Lavoisier « Rien ne se perd, rien ne se crée, tout se transforme » s'applique à merveille à Richeaume, dont les cépages – syrah, cabernet-sauvignon, carignan, grenache – donnent des vins encensés par les critiques du monde entier, démontrant qu'agriculture biologique et qualité ne sont pas en contradiction, mais au contraire se nourrissent l'une l'autre.

Au-dessus du terrain, des coulées de terre rougeâtre dégoulinent de la montagne et donnent au sol une richesse en fer qui vient équilibrer son caractère argilo-calcaire. Le piémont de la Sainte-Victoire est un microterroir, les Romains n'avaient pas choisi ce lieu par hasard. Les fondations de la villa antique qui prospérait à Richeaume sont encore visibles, enchâssées dans une mosaïque affleurant le sol. Si les Romains ont donné à la vigne ses lettres de noblesse en faisant de sa culture un art de vivre, la famille Hoesch poursuit la tradition à sa façon. Julia nous fait visiter le chai, centre névralgique de l'exploitation. Construit en sous-sol, il est climatisé par un bassin d'eau aménagé sur le toit, lui-même alimenté par une source naturelle. L'endroit fait figure de musée d'art moderne avec sa lumière tamisée, ses couloirs aux lignes épurées habitées par des rangées de tonneaux, ses toiles avant-gardistes accrochées aux murs, ses citernes rutilantes qui ressemblent à des engins futuristes, ses lourdes portes qui gardent dans le secret les crus du domaine. Les raisins sont mis en cuve par gravité, sans l'aide d'une pompe, tandis qu'une installation photovoltaïque fournit l'électricité et la chaleur nécessaires au bon déroulement de la fermentation. Les eaux résiduaires de l'industrie vinicole, très chargées en matières organiques, en font l'une des plus polluantes. Mais ici, à la sortie des chais, elles sont drainées vers une parcelle sur laquelle sont plantés 400 mètres carrés de bambous, dont les rhizomes les débarrassent de toutes leurs impuretés selon un principe de phytoépuration, avant de les laisser rejoindre la nappe phréatique. Pionnière de l'agriculture biologique, l'exploitation de la famille

Hoesch reste, quarante-cinq ans après son installation, un modèle du genre.

★

Nous avons rendez-vous à Marseille dans quelques jours, il faut presser le pas. Près de la mairie de Rousset, nous faisons monter Unik et Lars dans un van qui les emporte vers l'étape choisie au hasard sur la carte. Sibylle monte à bord, je continue à pied. Dans la nuit qui tombe, je dis adieu à la Sainte-Victoire comme je quitte un être aimé. J'avance dans l'obscurité sur une route étroite et passante, relégué au fossé chaque fois que des phares annoncent une voiture. Ensuite, ce sont 3 kilomètres de forêt maigre, puis une départementale qui longe l'autoroute. Des files de voitures remplissent la chaussée, l'air est vicié. À La Destrousse, il fait jour en pleine nuit. Les lumières éclairent les centres commerciaux, les hangars, les concessionnaires en tout genre, les boutiques, les restaurants. Sur les murs, des publicités de Noël rappellent le chaland à son devoir de consommateur. J'ai vécu dans un cocon de landes, de bois et de montagnes pendant plus de deux mois, je reviens sur terre après une grande envolée, comme un homme du cru découvrant brutalement l'existence de la civilisation. Je ne me sens pas à ma place. J'achète une bière dans une boulangerie où la serveuse devine ma détresse et m'adresse un sourire de compassion. Dans un cours d'eau minuscule qui serpente entre le béton, un héron solitaire est posé sur un caillou, recroquevillé et vulnérable. J'arrive à Roquevaire après 25 kilomètres de misère et de goudron. Je retrouve Sibylle,

Unik et Lars chez un couple qui nous ouvre sa maison et son écurie où loge déjà un petit cheval. Dans le ciel, la silhouette des collines du Garlaban chères à Marcel Pagnol se détache de la pénombre.

Le lendemain, nous sommes sur la route à l'heure où les gens prennent leur voiture pour aller travailler. Nous traversons Aubagne et sa zone commerciale dans les vapeurs de gaz d'échappement, tournant autour des ronds-points et nous faufilant entre les hangars de tôle. Nous détonnons dans le décor, les conducteurs nous sourient derrière leur volant. Un 35 tonnes nous adresse un carillon de klaxons digne d'un paquebot, je serre les jambes pour qu'Unik ne saute pas dans le fossé et je réponds par un signe du menton. Un motard en cuir sur un monstre de chrome nous salue d'un geste de la main, comme un signe de reconnaissance entre marginaux épris de liberté. Sibylle et moi déjeunons sur le parking d'une galerie commerciale pendant que des passants dispensent des caresses à Unik et Lars. Nous sirotons une tasse de thé, puis nous reprenons nos tribulations, chevauchant plein sud vers un eldorado improbable.

À Gémenos, nous faisons halte à l'usine Fralib pour y tourner notre dernier portrait, une séquence sociale à valeur de symbole. Pendant 1 336 jours, les ouvriers de cette fabrique, berceau des infusions de la marque Éléphant, ont protesté contre sa fermeture. L'usine était profitable, mais les actionnaires du groupe Unilever avaient décidé de la délocaliser en Pologne. L'objectif : économiser quelques centimes d'euro sur les salaires des cent quatre-vingt-deux ouvriers qui, cumulés et charges incluses, ne représentaient pourtant que 14 centimes du prix d'une boîte de thé vendue plus de 2 euros. Tel David contre Goliath, les petits travailleurs de Fralib ont crié à l'injustice et ont choisi de résister. Ils se sont mobilisés pour occuper illégalement les locaux de leur usine, se barricadant et faisant preuve d'une détermination sans faille. La cause était perdue d'avance, la jurisprudence leur donnait tort, mais ils ont tenu bon face aux injonctions des actionnaires et aux assauts de la police. Ils ont lutté pendant 3 ans et 241 jours, affrontant vents et marées, doutes et vaches maigres. Finalement, au terme d'un marathon judiciaire, ils sont parvenus à faire plier la multinationale. Ils ont racheté l'usine pour un euro symbolique, l'ont convertie en coopérative et, il y a deux mois, ont relancé la chaîne de production. À Gémenos, l'humain l'a emporté sur la quête du profit à tout prix.

« Nous avons ouvert une brèche, le capitalisme a du souci à se faire ! Le bon sens est contagieux, d'autres suivront notre exemple », lance un ouvrier devant une machine emballant d'un film plastique les boîtes de thé et d'infusion qui affichent la marque « 1336 » en souvenir des jours de lutte qu'ont menés ces hommes et ces femmes afin de conserver leurs emplois.

Les salariés – ou plutôt les « collaborateurs », car désormais ils sont propriétaires de leur usine – prennent les décisions de manière collégiale et développent ensemble des stratégies de vente et de développement. Ils ont trouvé un moyen efficace de baisser les coûts : ils se sont débarrassés de la tutelle du groupe Unilever, dont le patron engrange à lui seul plusieurs centaines de milliers d'euros par mois. Désormais, tous les salaires s'échelonnent entre 1 600 et 1 900 euros.

Olivier Leberquier, directeur délégué, ne veut pas être traité comme un dirigeant. Un balai à la main, il raconte :

« Les statuts de la coopérative exigeaient qu'il y ait un chef. Il fallait un nom, c'est le mien, mais je ne décide de rien sans les autres. »

La fierté et le soulagement se lisent sur les visages des ouvriers en blouse verte qui manœuvrent les machines. Ils ont tout risqué, ont failli tout perdre, et ont gagné. Ils émettent en silence des ondes rafraîchissantes d'anticonformisme, mais ils ne se considèrent pas comme des héros – simplement comme des travailleurs attachés à leur métier et déterminés à nourrir leurs familles. Leur lutte ne s'arrête pourtant pas au fonctionnement de l'usine, c'est tout un projet de société qu'ils portent en supprimant les arômes artificiels et les produits chimiques trop souvent présents dans les thés et les infusions. Ils utilisent dans leurs sachets des matières premières saines obtenues par extraction naturelle et accordent leur préférence aux produits locaux pour relancer les filières françaises de camomille, de menthe, de mélisse… Plutôt que d'importer le tilleul de Chine ou d'Europe de l'Est, ils vont s'approvisionner dans les Baronnies – ce tilleul dont nous avons cherché la trace une semaine plus tôt et qui ici embaume l'usine. Les thés et les tisanes « 1336 » infusent de la sagesse et diffusent de l'espoir. Distribués à la fois par les réseaux de grande distribution et les circuits bio, ce sont des concentrés de nature destinés à éveiller les consciences et à réveiller les papilles. Les hommes et les femmes de l'ancienne usine Fralib donnent tout au présent pour assurer l'avenir. Ils démontrent que le courage et la persévérance permettent de déplacer des montagnes et que la morale peut triompher d'un droit injuste. Leur histoire est une belle illustration de la désobéissance civile prônée par Thoreau.

J'ai de nouveau confiance en l'humanité quand je rejoins Unik sur le parking de l'usine. Je remonte en selle ragaillardi, rassuré sur la nature humaine et sa capacité de révolte face aux inepties de notre monde. Il suffit parfois d'une rencontre, d'une étincelle, pour retrouver le feu sacré. Au fond de moi et au-dessus du béton dans le ciel d'hiver, je sens briller un soleil invincible.

★

10 décembre. C'est la dernière étape. Au creux d'une combe, nous tendons une corde entre des arbres pour dresser un enclos de fortune. L'herbe est rase, Unik et Lars n'y trouveront pas leur pâture, mais bientôt ils jouiront d'un repos prolongé et pourront manger à satiété. Nous dînons dans le noir, à l'abri entre les rochers, privés de feu pour échapper aux réprimandes des gardes des calanques. Le repas a le goût de la mission accomplie et le vin apporte une ivresse douce qui me porte vers le sommeil avec l'idée que chaque chose est à sa place : les étoiles au-dessus de ma tête, la terre qui respire sous mon dos, les chevaux à quelques pas et, au loin, un blaireau qui meuble le silence de la nuit de ses cris rauques.

J'ai traversé la France à la poursuite d'un rêve sur un cheval doré. J'ai cherché la nature et trouvé des personnages inspirants qui, loin du pessimisme de rigueur, m'ont montré le chemin vers l'avenir en formant une longue chaîne humaine reliant Paris à Marseille. « Je hais mon époque de toutes mes forces. L'homme y meurt de soif », écrivait Saint-Exupéry en 1944 à la veille de sa disparition au-dessus de la Méditerranée. Je me retrouve dans ses propos, mais je crois qu'il faut garder la foi. Dans chaque parcelle du territoire, des hommes et des femmes construisent le monde de demain. Je suis allé de l'un à l'autre, d'étape en étape, en une farandole étourdissante. J'ai vu, senti et goûté de l'intérieur la France et ses terroirs, un pays plein de souffrances qui recèle aussi de l'espoir. J'y ai découvert la richesse des gens, la beauté des villages et la grandeur des paysages. Je suis allé au bout du rêve et je n'ai qu'un regret : je suis passé trop vite, il aurait fallu deux mois de plus pour faire ce voyage.

Le lendemain, dans l'azur sans nuages brille ce soleil radieux qui, déjouant toutes les prédictions, nous a accompagnés presque sans discontinuer. Le mistral est éteint, mais l'excitation flotte dans l'air chargé de sel. Nous époussetons nos vêtements, nettoyons nos guêtres et bouchonnons les chevaux. J'accroche quelques fleurs dans la crinière d'Unik, puis nous nous mettons en route à travers la garrigue du parc des Calanques. Nous marchons sur des sentiers de gravier, croisant coureurs, randonneurs et grimpeurs. Enfin, au sommet d'une côte, la grande bleue apparaît. Nous y sommes. L'arrivée, le bout du monde, le lieu où la terre se marie avec la mer et se prolonge en un horizon sans limites.

Jean-Philippe, le producteur, nous attend au col de Sormiou, au-dessus de la crique, à un endroit qui offre une vue imprenable sur le massif de falaises calcaires et la Méditerranée. Éric a prévu de filmer la dernière ligne droite, celle qui doit nous mener les pieds dans l'eau, mais, au moment où nous atteignons le col sous les hourras des amis et de la famille, un garde nous demande de produire des autorisations de tournage que nous n'avons pas demandées. Aujourd'hui se tient la réunion annuelle des gardes du parc des Calanques, impossible de passer inaperçus. Les pourparlers ne sont d'aucun effet, l'utilisation de la caméra est interdite, nous ne pourrons pas aller tremper nos sabots dans l'eau.

J'embrasse Sibylle, le voyage se termine ici. Il faut se contenter de quelques photos au col, la mer au loin. Je flatte une dernière fois l'encolure d'Unik, la belle jument pleine de sang et de fougue, avant que Jean, son propriétaire, ne la fasse monter dans un van aux côtés de Lars. Tandis qu'ils repartent vers le Morvan, mon beau-père me dépose à la gare Saint-Charles, au cœur de Marseille. Le paysage défile à toute allure et, trois heures plus tard, je suis à Paris. Soixante-sept jours dans un sens, trois heures dans l'autre.

FRANCE
Paris
Malicorne
Château-Sur-Allier
Puy-Guillaume
Ambert
Le Puy-en-Velay
Saillans
Saint-Saturnin
Marseille

Cet ouvrage a été composé et mis en page
par Nord Compo à Villeneuve-d'Ascq

Imprimé en France par CPI
en juin 2019
N° d'impression : 3034356

POCKET – 12, avenue d'Italie – 75627 Paris Cedex 13

S29293/01